FIGURES CONTEMPORAINES

DU MÊME AUTEUR

Le miroir des légendes (A. Lemerre, éditeur).

L'Antisémitisme, son histoire et ses causes (L. Chailley, éditeur).

Les quatre faces (épuisé).

La Télépathie et le Néo-Spiritualisme (Librairie de l'Art indépendant).

En collaboration avec **Ephraïm Mikhael** :

La fiancée de Corinthe, poème en trois parties.

BERNARD LAZARE

FIGURES CONTEMPORAINES

CEUX D'AUJOURD'HUI

CEUX DE DEMAIN

PARIS
LIBRAIRIE ACADÉMIQUE DIDIER
PERRIN ET Cie, LIBRAIRES-ÉDITEURS
35, QUAI DES GRANDS-AUGUSTINS, 35
1895
Tous droits réservés

PRÉFACE

Le plus grand nombre de ces portraits a été publié par le supplément du *Figaro*. Quelques chroniqueurs ont bien voulu les remarquer, et ils ont appliqué leur psychologie à expliquer l'*état d'âme* de celui qui les écrivait. La plupart n'ont vu dans ces dyptiques — *Ceux d'aujourd'hui, Ceux de demain* — qu'une spéculation plus ou moins adroite, ou qu'une réclame habile. Cette conception ne doit pas surprendre outre mesure, de la part de ces messieurs, car ils sont des pessimistes qui ne savent trouver aux actions des hommes que les plus bas ou les plus vulgaires des motifs. Ils ont coutume, sans doute, de juger autrui d'après eux-mêmes, et ne peuvent se résoudre à supposer qu'un de leurs semblables agisse d'après des mobiles désintéressés. De là, la nécessité pour moi de dire quelques mots en tête de ce livre.

Je déclare donc que je n'écrivis pas ces pages dans le but d'attirer à moi les jeunes hommes et d'en éloigner mes aînés. Je ne songeais pas non plus à me faire d'utiles amitiés futures, tout en me créant des inimitiés présentes ; pour un homme adroit, ce calcul eût été déplorable, c'était lâcher la proie pour l'ombre, et ce n'est pas à mes contradicteurs que j'apprendrai quels profits honorables on peut tirer de la fréquentation et de l'adulation de ceux qu'on appelle les maîtres.

Ce ne sont pas ces calculs médiocres qui m'ont guidé ; je n'ai eu qu'un but : exprimer librement ma pensée — et je remercie ici M. Antoine Périvier qui m'a fort libéralement permis de le faire, — c'est-à-dire satisfaire mes passions esthétiques, et je trouve fort légitime de m'être laissé conduire par l'admiration, la sympathie, et souvent, très souvent, la haine.

C'est ce dernier sentiment que l'on affecte généralement de ne pas comprendre, ou, plutôt, on s'indigne lorsqu'il apparaît loyalement et lorsque celui qui le ressent ne consent pas à le recouvrir d'un hypocrite voile de convention. On a, semble-t-on croire, le droit absolu d'en arriver au dernier et plus vil degré de la flatterie, mais non celui de s'élever à l'invective, ou, tout au moins, à la critique violente.

La haine est cependant, en littérature, comme en politique, comme en art, une passion primordiale et indispensable; celui qui ne sait pas haïr ne saura pas aimer ce qui, pour lui, est le beau. Quelques-uns estiment qu'on devrait se borner dans la vie à pratiquer l'œuvre de sympathie; je le veux bien, mais cette œuvre n'existe que si, à côté d'elle, il y a l'œuvre de haine : on ne peut édifier que si l'on sait détruire.

Toutefois, de bons esprits dénient au critique le droit de haïr, celui surtout de manifester sa haine. Cela vient de cette idée que le critique doit être un barbacole impartial, et cela implique cette pétition de principe qu'il existe un code unique et imprescriptible de la littérature et de l'art. Il est à noter que ce sont souvent les artistes révolutionnaires qui ont cette conception de l'impartialité obligatoire de la critique. En réalité, il n'y a pas qu'une critique, qu'une manière de critiquer, et voilà pourquoi toutes ces généralités sont mauvaises.

On peut grossièrement diviser les critiques en quatre grandes classes : celle des mauvais critiques, celle des critiques subjectifs, celle des critiques historiens, celle des critiques dogmatistes (il est bon de faire remarquer que les critiques des trois dernières classes peuvent également appartenir à la première, dont je ne dirai rien ici).

Le critique subjectif se borne à paraphraser les œuvres dont il parle, et à montrer la réaction qu'elles ont produite sur lui. Jules Janin a été le prototype de ces critiques.

Le critique historien se propose, étant donnés une métaphysique, un poème, un drame, un roman, de rechercher « quelles conditions de race, de moment et de milieu » ont été nécessaires à leur production ; quelles sont, en un mot, les lois qui régissent la production littéraire et artistique. Taine a fourni, dans son *Histoire de la littérature anglaise*, un modèle de cette critique, qui a abouti à une sorte de fatalisme esthétique, en négligeant l'individu et sa réaction constante sur son milieu et sur son temps, auquel il échappe, comme disait Emerson, par sa « fidélité aux idées universelles ».

Le critique dogmatiste est celui qui, s'étant fait, sur le monde, sur les hommes, sur l'art, des opinions métaphysiques et logiques, qu'il systématise volontiers, classera les œuvres d'après le canon qu'il a établi et les jugera suivant qu'elles s'en s'éloignent ou s'en rapprochent. C'est à cette catégorie de critique qu'il me plairait de me rattacher et c'est d'elle dont je voudrais parler plus longuement, préciser son rôle, ses actes et sa fonction.

Si, étant donnée la définition que je viens de donner, le critique dogmatiste ne cherche pas à réaliser ses idées, c'est-à-dire s'il n'est ni philosophe ni poète, s'il se borne à critiquer, il sera simplement ce qu'on nomme un incompréhensif, inapte à goûter certaines choses, et il qualifiera durement toute manifestation d'art contraire à l'ensemble de ses doctrines. Ainsi faisaient autrefois ceux qui tenaient pour les règles d'Aristote, ainsi font aujourd'hui ceux qui estiment que le XVIIe siècle nous a donné, en toutes choses, des modèles dont il est malséant de s'écarter.

Lorsque le dogmatiste est un artiste, sa critique se transforme en une polémique constante, qui permet à beaucoup de le taxer non seulement d'incompréhension, mais encore de férocité. Barbey d'Aurevilly, Émile Zola, pour prendre des hommes dissemblables, furent des critiques dogmatistes. On peut nommer cruelle leur attitude, elle est cependant une des plus justifiables que je sache.

En effet, l'artiste, le poète, l'écrivain

vraiment digne de ce nom vit d'idées. Il ne les met pas simplement en œuvre, elles deviennent partie intégrante de lui-même ; ce sont des forces qui concourent à son existence, qui sont nécessaires à sa parfaite harmonie. Ces idées, il les doit donc conserver soigneusement, il doit surveiller leur épanouissement, empêcher leur destruction ou même leur diminution, de la même façon que les actifs physiques gardent et cultivent les aptitudes qui sont les conditions de leur existence. La vie psychique, si elle a des lois bien différentes des lois de la vie physiologique, a aussi des lois similaires. Les idées, étant des forces, luttent entre elles, car elles se doivent sauvegarder, sinon la catégorie d'individus dont elles sont les directrices tendra à disparaître, comme tend à disparaître une espèce plus faible. Donc, tout être qui vit d'idées doit accroître en lui l'énergie conservatrice de ses idées, il doit lutter pour elles, les accorder avec leurs harmoniques, les défendre contre les idées ennemies, et pour cela il doit cultiver sa haine contre les adversaires.

Aussi, faisant de la critique, il ne pourra la faire qu'en combattant. Les hommes deviendront pour lui les chevaliers d'essences alliées ou hostiles à sa propre essence ; l'individu disparaîtra derrière l'idée qu'il incarne, et, seuls, ceux qui ne sauront pas faire cette distinction capitale traiteront ce dogmatiste de spadassin amateur de coups. On lui reprochera de manquer à l'indulgence qu'il doit à ses semblables, d'être dépourvu de la divine et nécessaire bonté : ce reproche a été fait à bien des théologiens, à bien des philosophes, hommes doux et bienveillants, pitoyables à leurs frères autant que durs à eux-mêmes, et on leur a jeté ce reproche parce qu'ils se montraient irréductibles idéologues, ou acrimonieux logiciens. Cependant, on ne pouvait, par exemple, obliger Plotin ou saint Irénée à ménager les gnostiques, ennemis de leur métaphysique ou de leur foi, puisque cette foi et cette métaphysique étaient nécessaires à leur existence morale.

Quelques-uns ont, je le sais, essayé d'accorder les choses contradictoires. Le beau est partout, disent-ils ; soyez larges, indulgents, sympathiques, et vous trouverez le beau. Qu'appelez-vous le beau, pourrait-on leur demander ? Ils seraient embarrassés pour répondre, et, s'ils répondaient, on verrait que le beau qu'ils conçoivent ne se trouve pas dans tout. Si le beau est pour quelqu'un réalisé dans le *Phédon* et dans les *Ennéades*, dans le *Prométhée* d'Eschyle et dans l'*Hamlet*, il ne saura le reconnaître dans un roman réaliste ou mondain, dans un vaudeville grossier ou une opérette obscène.

Peu importera que roman, vaudeville ou opérette soient impeccablement exécutés d'après les règles d'un canon préalablement établi, puisque c'est ce canon même qui est repoussé. C'est ce canon qui doit être combattu par nous, s'il contredit notre pensée, et nous devons rejeter toute œuvre qui s'y rattache, parce qu'elle est attentatoire à nous-même, parce qu'elle nous est funeste et nuisible, qu'elle agit sur notre esprit comme un poison agirait sur nos viscères.

Voilà pourquoi la haine est bonne. Elle préserve et elle purifie, elle engendre et supporte le véritable amour. Si nous ne vivions pas en un temps où les esprits et les cœurs se sont rapetissés, à une époque d'avachissement, de peur morale, si l'on n'avait pas remplacé le courage intellectuel par l'audace de la brute, si les hommes ne vivaient pas de petites concessions et de grandes lâchetés, de telles vérités n'auraient pas besoin d'être soutenues.

Bernard LAZARE.

ÉMILE ZOLA

A entendre M. Zola, il est l'héritier de Balzac, c'est-à-dire qu'il a tenté de confisquer l'héritage ; mais, en réalité, il n'est guère, si absurde cela paraisse, que le petit-fils d'Antony. Il est l'hoir des romantiques qui lui ont légué un vieux manteau diapré çà et là de paillons d'Arlequin. Il le sait et cela le désole. Souvent il a gémi de ce venin que lui inoculèrent les hommes porteurs de barbes hirsutes, de pourpoints moyen âge et de souliers poulaine. Il a eu tort de se plaindre, car c'est grâce à ces oripeaux qu'il a pu faire si longtemps illusion. En le voyant ainsi vêtu, on a cru qu'il était épique, alors qu'il fut seulement boursouflé, d'une boursouflure propre à cacher l'incohérence grammaticale de ses phrases et de ses périodes.

Si Balzac fit des œuvres, Zola engendra une école, une école qui est déjà morte et à laquelle, hélas! il survit. Il est le père du naturalisme, le générateur de cette lignée de chiffonniers sans lanterne qui ramassent les débris au petit bonheur du croc et vident leur hotte à date fixe pour faire un livre. Il leur a donné l'exemple, et leur a appris comment on réunissait des notes et des observations, des documents humains surtout, et comment on les rattachait entre eux: tels les marchands de carrefour qui promènent d'exsangues grenouilles enfilées à un brin de jonc.

Il fut Révolté, de son état, mais il n'exerce plus guère. Il passe dans la vie comme un pénitent qui se frappe la poitrine et confesse ses erreurs passées. Lui qui faisait fi des distinctions, il les réclame désormais toutes, et volontiers demanderait-il le Mérite agricole parce qu'il écrivit la *Terre*, et la médaille militaire parce qu'il a fait la *Débâcle*. Pour avoir ce qu'il désire, il sacrifie volontiers ce qu'il pensa ; il est prêt à tout, aux palinodies et même aux excuses ; et c'est un grand spectacle d'humilité et de modestie qu'il nous donnera le jour où il s'asseoira sous la coupole, dans un fauteuil que secrètement il trouvera trop étroit pour lui.

O cette après-midi, la verrons-nous? Certes, et nous devinons les paroles que M. Zola prononcera. Pour plaire à Claretie, il déclarera que les coups de massue d'autrefois étaient sans importance. Il dira que Feuillet était un grand homme, que Cherbuliez est un écrivain, Gaston Boissier un historien, Rousse un orateur, Freycinet un homme d'État, Henri de Bornier un poëte, et Pingard un profond politique. Il dira tout ce que l'on voudra, et même ce qu'on ne voudra pas, et pour rassurer ses collègues il se tuera avec la grande épée à poignée de nacre : cette épée qui sera le plus beau jour de sa vie, le jour de ses solennelles funérailles. Quant au souvenir de ce qu'il fut, il ne vivra plus que dans les complaintes et l'on oubliera que Zola est encore.

JORIS-KARL HUYSMANS

On le vit autrefois à Médan, mais un matin il quitta ce pâturage pour n'y plus revenir. La provende qu'on servait chez le maître lui parut sans doute grossière et nauséabonde ; il partit et chercha plus subtile nourriture : des vins plus illustres et de plus nobles mets.

De son séjour dans ces champs, il a gardé des regrets, des rancœurs, et la lecture du *Pot-Bouille* ne l'a pas porté à l'indulgence. Pour l'avoir vu dans les miroirs naturalistes, il hait son siècle, sans chérir ceux qui le montrèrent si laid; mais il n'a jamais pu échapper à la hantise des larves abominables qui l'assaillirent. Toutefois, s'il n'a pu s'abstraire de son siècle, il s'en est vengé par l'invective et la fustigation, et là, malgré sa myopie naturelle, il a atteint le lyrisme, trouvant, pour châtier la tourbe qui le poursuit, des substantifs étonnants et de merveilleux adjectifs.

Pendant que M. Zola se faisait interviewer à Lourdes, Huysmans rêvait à la Trappe; il ordonnait des idées, tandis que le président de la Société des gens de lettres prenait les notes dont il nous a menacés et frappés. Il n'a rien vu dans cette solitude; il y a pensé, ce qui est mieux; il nous fera penser sans doute. Après nous avoir menés Là-bas, il veut nous conduire Là-haut;

nous essayerons de suivre ce guide, mais le trappiste ne nous fera pas oublier l'écrivain, car l'écrivain est inoubliable.

Il s'est fait une langue troublante et étrangement contournée, dans laquelle les mots se décomposent, purulent et parfois brillent d'un anormal éclat. Il a le génie de la pourriture, il sait les sanies les plus rebutantes, les pus les plus abjects, mais aussi la splendeur des gemmes auxquelles il sait donner des splendeurs insoupçonnées, des puissances inconnues. Ses phrases ont la résistance des brocarts abbatiaux et l'effritement des plus basses lèpres; elles évoquent des bijoux inusités, dont les yeux ont depuis longtemps perdu la vision; elles se complaisent à de honteux mucus, à des abcès effroyables, et dans leurs plus térébrantes recherches elles gardent une charpente infrangible.

Huysmans a la science des qualificatifs comme il a celle des passions sataniques. Il emploie les plus effarants adjectifs avec une sûre maîtrise, et ce tourmenté, ce solitaire à l'âme inquiète et triste, est le frère lointain de ces orfèvres abolis qui savaient piquer, parmi les ors farouches des chapes, les plus délaissées des pierres, les plus abandonnés des joyaux.

JEAN RICHEPIN

M. Richepin a perverti plusieurs générations de normaliens, il a troublé bien des rhétoriciens, chagriné bien des bonnes âmes. Ces temps sont passés, et désormais il ne pervertit, ne chagrine et ne trouble plus personne, mais il étonne toujours. Il représente pour nous des âges abolis et sa présence est précieuse.

Grâce à Jean Richepin, nous concevons les gilets rouges, les lycanthropes, ceux qui hurlaient à la lune, blasphémaient le ciel, insultaient à la terre, bravaient les hommes et les éléments. Nous les concevons et, faut-il le dire, nous les chérissons. Sous leur défroque conventionnelle, malgré leur barbe hirsute et leurs cheveux désordonnés, nous devinons de bons garçons, de sages et égoïstes bourgeois.

Car ils furent tous des égotistes, nos aïeux de la première d'*Hernani*, et c'est en cela que M. Richepin leur ressemble. Il n'a guère parlé que de lui dans son œuvre, de ses détresses, de ses déboires, de ses amours. Il a été le Touranien farouche perdu au milieu des aryas, le fier bohémien qui hait les gens en place, le terrible nomade campé parmi les civilisés. Le bruit de sa querelle avec Dieu a rempli le monde, et comme il fut touchant en cette attitude d'Ajax attendant une foudre entêtée à ne pas venir! Il en a gardé du prestige ; à le voir si crâne, on a oublié qu'il niait ce qu'il insultait et qu'il appelait des carreaux auxquels il ne croyait guère.

N'importe, il était sincère en blasphémant, comme il est sincère aujourd'hui en vagabondant par les paradis. Son allure de matamore seyait à sa prestance, il revêtait le seul costume qu'il pût porter, et ce costume était bien à lui, rouge, ample ; les pans de sa grande cape claquaient ainsi que de fiers drapeaux : les drapeaux de Touran ; et Richepin traversait le monde au milieu des clameurs, des cris d'effroi et de stupeur.

Son exubérance séduisait et charmait ; en le voyant on disait : Ils étaient bien, nos pères, ils étaient vaillants et hardis, un peu bruyants, vantards, tapageurs et capitans, mais c'étaient de bonnes âmes, âmes candides, aimant les gueux, les pauvres diables, les belles filles, les fleurs des champs, les petits oiseaux et les grandes batailles contre les moulins à vent. Ils frappaient d'estoc et de taille, et, s'ils ne se souciaient guère de savoir où portaient les coups, ils n'en frappaient pas moins fort. C'était une façon comme une autre de développer son moi, de l'exalter, de le parer en tous cas, de l'embellir par une fiction un peu enfantine, mais touchante et aimable.

On ne pratique plus aujourd'hui cette méthode, on en redoute l'excès, et c'est pour cela que Jean Richepin a des airs d'ancêtre, un ancêtre qu'on ne suit pas.

mais qu'on regarde avec complaisance, peut-être même avec admiration, ou du moins avec sympathie. Quand on parle de lui, on prend un ton d'oraison funèbre, mais le ton d'une oraison émue, dans laquelle on parle surtout des vertus qui furent solides et non des défauts qui furent trop nombreux.

MAURICE BARRÈS

On eût dit au Touranien qu'il aurait pour fils le député Philippe, l'ami de Bérénice et le familier de son jardin, le Touranien ne l'eût point cru. Il aurait eu tort, car ils ont les mêmes aïeux : le triste René, le lugubre Adolphe et le mélancolique Obermann. Mais il y a diverses façons de comprendre ses ancêtres et de descendre d'eux : Maurice Barrès nous l'a bien montré.

Jean Richepin manifestait son moi, Barrès a spéculé sur lui, voilà ce qui différencie leurs deux égotismes : l'égotisme plastique et l'égotisme abstrait et pratique. Richepin nous montrait ce que furent nos pères, Barrès nous fait prévoir ce que seront nos enfants. Pour eux il a déjà écrit la Bible du parfait jeune homme, du jeune homme maigre et ambitieux, et les tout petits qui viennent ont dans leur bibliothèque les Traités sur l'horticulture du moi et le Manuel du parfait jardinier de soi-même. Dans ces pages subtiles, ils apprennent l'art difficile de se ratisser, de s'émonder et le nouveau moyen de parvenir.

Maurice Barrès a possédé et possède encore une grande vertu : il se connaît lui-même. C'est un métaphysicien exquis, mais un imaginatif médiocre. Logicien habile, d'intelligence aiguë et vive, il a la conscience de ses vertus, la connaissance de ses faiblesses. Trop fin pour se résoudre à de vaines tentatives qui auraient convaincu les autres de son impuissance à inventer, il s'est dit sans doute qu'il valait mieux disséquer son propre individu que d'en mal représenter un autre. Il fut l'égotiste par nécessité, le psychologue par raisonnement.

Il tenta d'intéresser le monde à son moi et, pour le rendre plaisant, séducteur, il l'envoya quelque temps en villégiature chez Ernest Renan. La tentative était périlleuse, d'abord en vertu de l'axiome : Le moi est haïssable, ensuite parce que les faiseurs d'élégies nous avaient lassés des démonstrations personnelles. M. Barrès sut vaincre le préjugé, éviter l'écueil, et il fit des livres qui sollicitèrent notre curiosité, s'ils ne gagnèrent pas nos sympathies.

C'est que son moi n'est pas ordinaire, et, s'il comporte des qualités communes, ce sont des qualités exagérées, hypertrophiées. Sa philosophie n'est pas exceptionnelle, elle est courante, mais fort pratique, puissamment ordonnée et tournée vers un but positif. Par le monde des barbares, le moi de M. Barrès cherche le bonheur, et, comme il a compris que le bonheur ne se trouve pas dans le rêve, mais dans les biens extérieurs, il préconise aux anxieux de notre temps de se réfugier dans « une forte indépendance matérielle ». Philosophie péripatéticienne et très moderne, qui satisfait en même temps l'âme d'Aristote et celle de feu Guizot, touchante philosophie bourgeoise, pratique et doctrinaire, bien faite pour séduire les éphèbes tristes qui veulent donner à leur vie un but.

Et cette philosophie, Philippe le stoïcien, l'ami de Sénèque, dont il se sépare seulement sur cette question secondaire du mépris des richesses, Philippe l'a fort bien déduite en des livres charmants, clairs et précis, dans lesquels se reflète ce moi de M. Barrès, qui peut faire oublier le moi du Touranien, mais qui le fait peut-être regretter.

ALPHONSE DAUDET

Jadis, lorsqu'un jeune homme manifestait le désir de s'adonner aux lettres, il trouvait toujours un parent ou un ami pour lui donner en exemple Alphonse Daudet. En ce temps-là, M. Daudet connaissait la gloire, qui ne le fréquente plus guère aujourd'hui. Il n'est plus désormais grand homme qu'en province, à Tarascon qu'il illustra, à Nîmes qui le vit naître, et, seule, l'habitude entretient son illusoire renommée. On ne peut dire ce qu'il est, car il n'est plus rien, et il faut se borner à rappeler ce qu'il fut, c'est-à-dire peu de chose.

Il a symbolisé l'homme adroit, et, auprès de ce Méridional froid et avisé, l'Odusseus vénérable que chanta Homère ne fut qu'un enfant. Il appartient à cette catégorie peu nombreuse des félibres graves et malins qui s'oppose à la classe des félibres exubérants, bavards et bons enfants. Comme ces derniers, il connaît le tambourin, mais il l'a fait servir à d'autres usages.

Il fut le romancier des bons bourgeois de notre temps, friands de scandales, avides de menus renseignements et indifférents à toute spéculation, — j'entends morale ou métaphysique. M. Daudet donna à ces hommes le livre qu'on peut lire la journée finie, celui qui n'oblige point à méditer, qui distrait du labeur quotidien et remplace avantageusement la pièce en vogue. Comme M. Daudet ne fréquenta jamais ses contemporains que pour les peindre avec profit, le lecteur savait trouver dans *Le Nabab* et dans *L'Évangéliste*, dans *L'Immortel* et dans *Numa Roumestan*, tel personnage connu dont le nom était défiguré assez pour que les convenances fussent sauvegardées, trop peu pour qu'il fût méconnaissable; il pouvait reconnaître telle histoire jadis contée trop rapidement par le journal familier.

Ces menues indiscrétions, M. Daudet savait, d'ailleurs, les arranger de façon adroite; il présentait avec beaucoup d'art sa bimbeloterie et ne négligeait rien pour en assurer le succès. Il savait combien écrire déroutait la clientèle, — l'exemple des Goncourt avait été pour lui significatif — aussi adopta-t-il une sorte de notation télégraphique, un style fait d'interjections et de balbutiements, où des mots de couleur passent en une sorte de danse de Saint-Guy, un langage petit nègre, émaillé de parisianismes les plus répandus. Habileté suprême, il s'est fait gloire de cet amorphisme comme aussi de n'avoir jamais rien inventé.

Il fut le dieu de l'observation, le patron du reportage, le maître de l'information. Non content d'épargner à ses admirateurs l'effort qu'ont coutume de demander quelques malencontreux écrivains, M. Daudet ne les voulut pas dérouter en leur donnant du nouveau. Aussi pilla-t-il Dickens, en faisant cependant abstraction du lyrisme du grand romancier et en transformant sa large sympathie en une sensiblerie pleurnicheuse. Pour varier sa musique, il emprunta d'autres fois des thèmes à Thackeray et sut les rendre insupportables.

Sur tout cela, il répandit son bagout de tambourinaire dévoyé, sa blague de Parisien faux teint, et on le prit pour un homme d'esprit, pour un styliste, pour un artiste et même pour un romancier.

Mais il y a longtemps de cela!

J.-H. ROSNY

Des cinq qui jadis, dans les colonnes du *Figaro*, protestèrent contre les doctrines médaniennes, M. J.-H. Rosny était un de ceux qui pouvaient le plus justement — à cette époque — repousser ou blâmer les théories et les livres de M. Zola.

En toutes ses œuvres, en effet, M. Rosny s'était séparé de l'école. Tandis que les naturalistes, par mépris des baudruches métaphysiques des psychologues, offraient à notre admiration des mannequins pléthoriques réduits aux plus basses fonctions, des mannekenpiss acéphales, M. Rosny s'efforçait à la synthèse que l'impuissance réaliste avait dédaignée. Il avait compris qu'elle seule était digne d'un artiste, puisqu'elle seule impliquait création.

A cause de cela, il sera beaucoup pardonné à M. Rosny. On oubliera le fâcheux pédantisme qu'il se plut autrefois à afficher, cette allure de contremaître ou de conférencier pour association philotechnique, cette science de manuel Roret dont il faisait parade, avec l'enfantine naïveté d'un sauvage à qui l'on a découvert inopinément le monde. On excusera son dogmatisme de barbacole, son didactisme rébarbatif; on ne lui en voudra pas d'avoir cru au roman scientifique et d'y avoir converti de regrettables néophytes. On consentira même à ne lui point reprocher ce terrible langage qu'il affectionnait naguère et qu'il semble dédaigner depuis, ce langage hirsute qui le conduisait à comparer des pavés à des vertèbres de mégalosaure. Car en ce temps M. Rosny préconisait les métaphores paléontologiques, les tropes zoologiques, les images chimiques et même botaniques. Il surprenait autant qu'il effrayait.

Il a renoncé à ce jeu dangereux, et son talent en a grandi d'autant. Il tient dans la littérature actuelle une place unique, et, si on voulait lui trouver des parrains, c'est Tolstoï et Dostoïewsky qu'il faudrait invoquer. Comme le premier, il vivifie ses œuvres d'idées générales ; comme le second, il les anime d'une pitié mélancolique et d'une large fraternité.

Il a le souci des doctrines plus que celui des anecdotes, il est moins conteur que philosophe, plus moraliste encore qu'artiste, quoiqu'il le soit à très haut point. Il fait oublier les romanciers mondains et ceux qui font venir leurs personnages de Londres ; il fait prévoir le roman qui se prépare, celui qui sera social et littéraire, qui tiendra du rêve et de la réalité, le roman qui nous changera des adultères et des drames passionnels, des amours contre nature et des aventures légères.

Ainsi J.-H. Rosny aura-t-il cette réelle gloire d'avoir été un initiateur. De combien d'écrivains pourrait-on dire semblable chose ? De peu vraiment. Quel gré n'avons-nous pas à M. Rosny de pouvoir le dire de lui ?

CATULLE MENDÈS

Il fut fameux jadis et, il y a quelques années encore, on le voyait aux terrasses de quelques cafés entouré de jeunes hommes qu'il croyait être ses disciples. Il régenta le Parnasse, il y a longtemps, et l'on dit qu'il apprit la prosodie à Coppée. Si ce n'est vrai, c'est possible, car nul mieux que lui ne posséda cette science matérielle du vers, et nul aussi n'en montra aussi bien l'insuffisance. Mais, s'il eut des élèves, il eut des maîtres, et les seconds ne l'abandonnèrent pas comme le firent les premiers, car il a toujours eu des guides, sinon des modèles.

C'est un être d'apparence complexe, et cependant sa nature est simple ; il paraît compliqué, et pourtant il est un ; il est semblable à un miroir qui reflète mille images imprévues et de tons divers, un miroir sur lequel tout passe et qui ne garde rien, un <u>miroir banal</u>. Toutefois, il fait illusion parce qu'il est habile. Il appartient à la catégorie de ceux qui mettent subtilement en œuvre les matériaux qui leur sont fournis par les artistes originaux. Il possède d'incontestables facultés manuelles, celles du praticien qui travaille sur une maquette donnée et peut à la rigueur fondre avec dextérité des matières dissemblables. On appelle ses pareils des adroits lorsqu'ils sont célèbres, des médiocres lorsqu'ils sont obscurs, et l'on a raison, car la médiocrité consiste précisément en cette absence de toute idée propre, mais n'est pas incompatible avec une adresse parfois très grande.

Cette habileté spéciale, qui la refusera à Catulle Mendès? Nul, certes. On a bien autre chose à lui refuser, mais non cette facilité de s'accommoder de tous les sujets et à tous les désirs; cette fâcheuse souplesse qui lui permet de passer avec indifférence, également bien et également mal, du grave au doux, du plaisant au sévère, d'être tour à tour libidineux et sentimental, et de satisfaire les vieillards les plus exigeants et les jeunes filles les plus élégiaques.

Car M. Mendès représente le dernier des

élégiaques, l'ultime pastour ; il est le petit-fils de Florian, malgré qu'il n'en ait pas l'air : il est confit et pervers, très Régence, très Trianon et très Bas-Empire, grammairien comme un Græculus de Byzance, langoureux comme la joueuse de flûte romaine et vide comme une outre qui a contenu du vin aromatique. Mais il est surtout le dernier magicien ès lettres françaises. Vous connaissez ces magiciens-là : ils apparaissent tels qu'au théâtre, derrière une table où des gobelets divers sont disposés. Selon le désir du public, ils escamotent les muscades, exécutent le tour connu de l'omelette dans un chapeau d'emprunt, — car le magicien n'a jamais de chapeau à lui, — et savent tenir en équilibre une bouteille sur un sabre en étain.

Et c'est parce que ces magiciens n'ont rien à eux, qu'ils ne travaillent qu'avec le bien des autres, qu'ils utilisent les antiques rimes et les métaphores surannées ; c'est parce que, alternativement, ils font le vieux et le neuf, sans s'intéresser d'ailleurs plus au neuf qu'au vieux, mais selon les demandes, c'est pour cela qu'on s'est retiré des magiciens et qu'ils s'en vont, comme M. Catulle Mendès, rejoindre les vieilles lunes.

JEAN LORRAIN

Si M. Mendès est pervers et doucereux à la façon d'un sirop poivré, Jean Lorrain est faisandé. Le premier rappelle Ovide — qui aurait lu les *Liaisons dangereuses*, — le second évoque Pétrone, — qui aurait fréquenté Poë. Comme Pétrone, M. Lorrain a le souci des élégances, s'il n'en est l'arbitre; comme lui, il a le souci de la pourriture.

Je ne sais s'il a tout lu, mais il a bien lu, et peut-être a-t-il un peu retenu. Dans ses contes, on entend l'écho de voix déjà ouïes. Assurément, le conteur doit être familier avec le *Démon de la Perversité*, et le *Convive des dernières Fêtes* l'a conduit dans le monde. Toutefois, il a enjolivé ces thèmes connus de variations troublantes et personnelles, et dans la lanterne magique qu'éclairèrent pour lui Edgard Poë et Villiers de l'Isle-Adam, il a fait passer de nouveaux personnages.

Il a su sonder des caractères complexes, montrer des passions subtiles, signaler des perversités rares. Il a découvert des descendantes à Ligeia et à Morella dans les femmes que les atavismes prédestinent aux névroses, mais il s'est gardé de cet anachronisme qui consiste à placer ces héroïnes dans les vallées du Neckar ou dans les plaines ukrainiennes, et, s'il les confine parfois en des châteaux isolés, c'est pour cacher leurs péchés ou leurs vices. Quelque recluses qu'elles soient, on sent derrière elles le monde qu'elles délaissèrent, et encore s'habillent-elles chez la faiseuse en vogue.

De même, les singuliers éphèbes que Jean Lorrain nous présente, ceux qui cherchent dans la morphine l'oubli de l'éther, ne sont pas vêtus de capes à l'espagnole, et du mélancolique Usher n'ont-ils qu'un peu de l'âme. Comme M. Lorrain est un fervent des modes anglaises, — il a connu et estimé chez Bourget les cheveux *auburn* — il pare ses héros de smokings irréprochables.

Toutes les âmes qu'il se plaît à analyser ne sont pas des âmes troublées, non : elles sont décomposées, et, dans leur nécropsie, Jean Lorrain a trouvé ces tons mornes, ces verts pourris, ces jaunes liquéfiés, ces roses purulents dont il peint ses tableaux. Il a placé ses personnages au milieu de salons dont les glaces prennent l'aspect de lacs indécis, dans des paysages aux arbres maladifs, aux pelouses mourantes, dans des boudoirs où s'évapore l'odeur de l'opium, ou dans des parcs moroses.

Et l'atmosphère qui entoure ces névrosés et ces femmes morbides est emplie de parfums aigus, d'odeurs fades et tourmentantes, où le chypre mêle son aigreur à la canaillerie du java, mélange de parfumerie douteuse et de précieuses essences qui symbolisent l'esprit de celui qui les rêva. Et Jean Lorrain apparaît ainsi semblable à ces Florentins d'antan, marchands de gants empoisonnés, à la fois magiciens et parfumeurs, évocateurs d'ombre et restaurateurs de beautés mourantes.

On attendait de lui le roman de la pourriture, cette « bonne pourriture » dont parla Huysmans : on l'attend encore. Il en a donné déjà de multiples esquisses, des esquisses qui font désirer l'œuvre complète, qui la préparent, en tous cas, et, surtout, nous y préparent.

ARMAND SILVESTRE

Avant de se vouer exclusivement à la lune, M. Armand Silvestre débuta dans la carrière poétique en louant les étoiles. Il en parla en fort bons termes ; cela lui valut d'être du Parnasse : il méritait bien cela, et il le prouva par la suite. Il est maintenant un de nos derniers fabricants de vers, et nul ne le vaut pour démontrer que les vieux décors sont encore bons quand on sait les retaper, que les figures de rhétorique sont éternellement les mêmes et que jour rime toujours avec amour.

Cependant, si cette aptitude le recommande aux gens en quête d'épithalames et aux clubmen désireux de se fournir de madrigaux ; si elle le désigne pour occuper cette échoppe d'écrivain public que feu M. de Banville destinait aux derniers parnassiens, elle est insuffisante à justifier sa renommée. Le prosateur l'explique.

Si l'on en croit M. Silvestre, il est le représentant de la gaîté gauloise, il en est même le Gaudissart. Il est l'héritier de l'esprit français ; il incarne le génie de la race et, si j'ai cru comprendre, il fait du dieu Crépitus le dieu national. Conteur ou versificateur, M. Silvestre est un homme essentiellement joyeux, et, s'il soupire hebdomadairement en quelque quotidien, ce ne sont certes point soupirs lugubres que les siens. Il paraît être aussi bon vivant que mauvais écrivain, et c'est déjà quelque chose.

Il est universel ; tous les genres lui sont familiers, depuis le sonnet jusqu'au drame lyrique : il les pratique sans conscience, mais non sans facilité, et son éclectisme sait concilier Vénus Aphrodite avec l'amiral Lekelpudubec et même les unir. Il est moderne, mythologique et parfois mystique ; il conduit Cadet-Bitard sur le Pinde et mène le pétomane à Jérusalem ou à Oberammergau. On voit que, s'il considère généralement l'homme sous une seule face, on le peut voir lui-même sous plusieurs. Toutefois, sa véritable nature apparaît toujours ; quand il offre à ses lecteurs des roses où lorsqu'il balance ses encensoirs, c'est toujours avec le geste, pour lui plein de charmes, des matassins de M. de Pourceaugnac.

M. Armand Silvestre est un des rares heureux de ce temps. Il peut dire avec fierté que jamais une idée ne trouble sa cervelle. Nulle pensée ne semble l'avoir préoccupé, et il s'est contenté de tirer sa fortune des miasmes et des borborygmes de l'humanité.

En résumé, et si l'on veut être bienveillant pour lui, on peut dire qu'il figure assez bien un vieux colonel en retraite qui débite des gaudrioles scatologiques entremêlées de citations d'Horace ou de Virgile, et joue de la flûte à ses moments perdus. Un de ces vieux colonels qui s'obstinent à ne pas mourir.

JOSÉPHIN PELADAN

Monsieur Joséphin Peladan, qui a contemplé la décadence latine d'un œil peu complaisant, quoique perspicace, a trouvé, plus que tout autre romancier de sa génération, des admirateurs enthousiastes et des détracteurs passionnés. Quelques-uns l'ont hyperboliquement loué, d'autres l'ont outrageusement insulté. Il a connu des triomphes qui ont dû lui être doux, il a subi des avanies qui lui ont été indifférentes sans doute.

Il a défrayé les échotiers et les reporters beaucoup plus que les critiques : cela prouve que les premiers sont plus consciencieux que les seconds, ce qui n'est d'ailleurs plus à prouver. Je veux dire par là qu'on a généralement considéré M. Peladan sous son aspect extérieur et non en lui-même. On a employé pour parler de lui les termes mêmes dont on se servait pour louer M. Loyal, Auguste, ou M. Febvre; tous ceux, en un mot, qui ne se recommandent que par la façade. Le malheur est que M. Peladan doit s'en prendre à lui, ou plutôt à son attitude, de l'erreur que l'on commet ainsi en l'assimilant à quelques-uns.

Pour un homme que les essences seules intéressent et qui prétend voir le monde sous l'aspect de l'éternité, comme disait Spinoza, M. Peladan attache trop de prix aux apparences des choses. Être mage, et même Sâr, cela n'est point mal; se prévaloir de ces titres hypothétiques, mais en tous cas persans et chaldéens, pour revêtir un costume Louis XIII et porter des bottes à entonnoir, voilà qui est hasardeux. Se vanter de descendre de Merodak — qui fut un très grand dieu en son temps — et se borner à représenter d'Artagnan ou même Athos, cela est médiocre. Ce qu'il y a de pire en la chose, c'est que M. Peladan sait tout cela, et c'est évidemment la connaissance exacte de son époque qui l'a conduit à d'aussi regrettables contradictions. Il a senti qu'on lui saurait gré du décor qu'il affichait et qu'il en tirerait avantage plus que de ses œuvres mêmes.

Il n'a point eu tort, mais il a cependant

dépassé son but. Aussi, a-t-on négligé ses romans, et la réputation qu'on lui a faite est désormais analogue à celle de Mangin.

C'est là une grande injustice, car, malgré ses excentricités spéciales et raisonnées, Joséphin Peladan est un des plus curieux et des plus personnels artistes de ce temps. Penseur et écrivain, il est un des rares qui aient su être originaux ; psychologue profond, analyste habile, il a su évoquer et créer des types ; prosateur lyrique, il a été un des premiers à combattre le naturalisme et à en dire la pauvreté esthétique ; polémiste spéculatif, il fut inspiré toujours d'une incomparable ardeur de destruction et de satire. Romancier, philosophe, esthète, il n'est point ordinaire, et, même en étant snob parfois, il reste un snob supérieur.

FERDINAND BRUNETIÈRE

Si M. Brunetière, qui ne comprend pas tout, mais qui sait beaucoup de choses, aime les allégories, pourvu qu'elles soient classiques et claires, je pourrais lui conter l'histoire d'Ésope et de ce plat de langues que le cuisinier fabuliste servit, deux jours de suite, à un maître assurément plus bienveillant que l'académicien dont je parle. Mais je crains que M. Brunetière ne connaisse déjà cet apologue, et j'aime mieux dire, tout simplement, qu'il est à la fois le meilleur et le pire des Aristarques, ce que contesteront, simultanément, sa modestie et sa vanité.

On m'accordera volontiers qu'il est le pire, si l'on considère que le devoir le plus impérieux du critique est de comprendre ce dont il parle et de ne pas aller à tâtons au travers de la littérature, comme un aveugle dans un jardin ; et, hélas ! M. Brunetière n'a pas seulement hérité de la chaise de Gustave Planche, mais encore de son étroitesse et de son incompréhension.

C'est le modèle des hommes myopes et têtus que M. Brunetière, et il a parfois le courage du bœuf qui fond sur une loque rouge, mais sa myopie n'est pas sournoise et son entêtement est sans fourberie. M. Brunetière est un critique loyalement rétrograde, et je l'aime mieux ainsi que tant d'autres qui sont faussement intransigeants.

C'est cette franchise qui en fait le meilleur des pédagogues et surtout le plus estimable. M. Brunetière croit à la mission de la critique, ce qui est suranné, mais il croit à ses devoirs, et l'on ne saurait trop l'en louer. Sa conscience l'a perdu, parce que son intelligence était restreinte. Il a voulu étudier l'évolution de la littérature, ce qui était excellent, mais il a fait un somme en chemin et il a perdu la notion du temps. Il est semblable à un horloger, bon ouvrier, qui, après avoir étudié les rouages d'une montre, oublie que cette montre est faite pour marcher. M. Brunetière a arrêté sa pendule chronologique au XVIIe siècle, le *grand siècle.*

Il a mieux aimé être le contemporain de Bossuet que celui de M. Rousse, dont il a préféré devenir le collègue, et de cela je le louerai volontiers, mais en revanche il a trop fréquenté chez Despréaux, pour savoir se tenir auprès de Baudelaire. Il se fût borné à commenter Massillon et Bourdaloue qu'il eût été incomparable, mais il leur a emprunté leur rhétorique compassée. C'est avec les bésicles de ces hommes qu'il a contemplé la poésie de notre temps, et sans doute estime-t-il qu'admirer le passé est insuffisant et qu'il le faut imiter.

Dans cet âge de révolutionnaires, M. Brunetière est un esprit conservateur ; il se considère un peu comme le maître des cérémonies de la langue française, et même comme son protecteur. C'est pour la défendre qu'il hérisse son style de bastions imprenables, et qu'il compose le moindre de ses livres avec un art renouvelé de Vauban.

Cette méthode est peut-être plus énergique que sûre, mais elle commande l'attention, et sinon la sympathie, du moins l'estime. Ainsi en est-il de M. Brunetière. Si son sens esthétique est contestable, s'il a coutume de comparer à un étalon arbitraire des œuvres d'un autre ordre, s'il croit aux genres littéraires, aux phases de la littérature, au canon de l'art, à l'apogée et à la décadence des lettres, il y croit avec l'ardeur d'un honnête homme qui n'a pas l'habileté de se tromper à moitié.

JULES LEMAITRE

M. Jules Lemaître est venu, un jour, de province — nul ne s'en douterait — pour nous donner ses opinions sur la littérature. Il arriva en trois bateaux, comme le singe de la fable, et il débarqua avec grand tapage.

C'est un homme chafouin et rusé, subtil et souple, à la fois bateleur et barbacole, maître d'école et guitariste. Avant de débuter à la *Revue Bleue*, il était normalien, situation excellente pour un magister, mais médiocre pour un dramaturge.

Aussi, a-t-il tenté de faire oublier ses origines, et, s'il n'y a pas réussi, il s'y est efforcé.

Esprit délié, disloqué même, M. Lemaître est fort intelligent, d'une intelligence positive et pratique. Il comprend beaucoup de choses et feint d'en ignorer plusieurs, car il est moins consciencieux qu'habile, plus adroit que génial, et, s'il oublie souvent les devoirs de la critique, il n'en méconnaît jamais les avantages.

Il a deviné les dangers du pontificat, et il s'est montré facétieux plutôt que de paraître pédant. C'est un universitaire nouveau jeu, un de ceux qui, ayant craint les railleries, ont voulu *se mettre au courant*. Il l'a fait, non sans maladresse, affectant la désinvolture pour qu'on ne lui reprochât pas la lourdeur, et il est entré dans les lettres comme dans un cirque, coiffant la perruque du clown, qui n'a pu faire oublier le bonnet du professeur.

Cependant, malgré sa bonne volonté, M. Lemaître retarde ; il est Parisien comme on l'était au temps du légendaire Roqueplan, il a appris le monde dans les romans de Balzac, et il a des allures déjà un peu vieillottes, comme on en avait il y a cinquante ans. Il affecte le dandysme, qu'il confond parfois avec le snobisme, mais sans intention, car il est fort malin, en même temps que très naïf. Il redoute l'émotion, parce qu'il la croit vulgaire, et s'adonne au scepticisme qui lui semble distingué ; en cela encore est-il démodé, et il adopte des modes oubliées, par impuissance peut-être à en inventer d'autres.

En critique, M. Jules Lemaître s'est gardé du dogmatisme. Il a appelé M. Brunetière « un Nisard moins aimable et moins élégant », et il n'a pas voulu mériter un tel reproche ; du reste, l'élégance est son souci, plus que la bonne foi, et il aime mieux sans doute les salons des caillettes que la chaire professorale. Il pratique avec adresse cette sorte de critique, inconsistante et autodidactique, fort goûtée jadis, et dont le but était surtout de faire connaître le critique.

Feu Jules Janin s'adonna fort à ce genre, il y excella même ; il en transmit les secrets et la méthode à M. Sarcey, et celui-ci, n'en pouvant faire usage, les confia à M. Lemaître, qui les rapporta au

Journal des Débats, d'où jamais ils n'auraient dû sortir.

Mais voici mon esquisse finie, et j'allais oublier que M. Jules Lemaître n'est pas critique seulement. On le dit romancier, poète et dramaturge. Il en est bien capable, car il est capable de tout, même d'avoir du talent. Toutefois, étant donnée sa nature, on comprend qu'il ait mis sa gloire, on pourrait ajouter sa coquetterie, à ne rien inventer. Peter Schlemyl avait perdu son reflet, M. Lemaître n'en a jamais eu ! mais, plus malin que cet Allemand lugubre, il a capté le reflet des autres. Il a été Parnassien lorsqu'il fallait l'être, ironiste quand cela est devenu de bon ton. Avec une grâce égale, je le vois devenir aigrement sentimental et péniblement mytisque. Peut-être sera-t-il symboliste un jour, ou égotiste, voire anarchiste, si le goût public ou l'intérêt le lui commande, car M. Lemaître est le courtisan du succès, l'avocat des causes gagnées, l'enfonceur des portes ouvertes, et il sait avoir le courage de ses opinions, quand ses opinions ne sont plus courageuses.

PAUL BOURGET

On a cru longtemps, dans quelques villes reculées, que Paul Bourget était l'arbitre des élégances, et il a fallu, pour empêcher cette croyance de s'accréditer, l'aventure d'une femme du monde, — fictive, du reste, — assez oublieuse d'elle-même pour porter un corset noir. M. Paul Bourget a été fort marri de la chose, mais ses livres sont restés quand même le bréviaire des gens de bon ton. Je ne sais si leur réputation est méritée ; pour le déterminer sûrement, il faudrait une autre compétence que la mienne, et j'aime mieux croire qu'un homme élégant doit être habillé par Yauss, chemisé par Charvet, botté par Hellstern, chapeauté, ganté, cravaté et blanchi à Londres, ce qu'a toujours affirmé Paul Bourget et ce qui est bien possible.

Ce n'est pourtant pas par le souci du confort, de la distinction et du dandysme que M. Bourget mérite de nous attirer ; je ne crois même pas que ce soit à ce souci qu'il ait dû sa gloire incontestable et son universelle renommée. Si on l'a goûté et chéri, c'est qu'il a été le perspicace confesseur de bien des âmes contemporaines, et leur peintre avisé : c'est pour cela aussi qu'il nous intéresse.

Parmi tant d'écrivains dont la prétention fut de représenter leur temps ou, tout au moins, une parcelle de leur temps, M. Bourget est celui qui a le mieux réalisé son ambition. Non pas qu'il ait su créer des types, car il n'a jamais eu le pouvoir merveilleux d'animer des êtres de rêve et de les faire vivre, mais il a su extérioriser des états d'âme, il a su les définir, les préciser, les dessiner même. Il a donné à ses modèles un miroir dans lequel ils se sont vus à nu, et ceux qui voudront, un jour, connaître l'esprit de ce monde qui se décompose et se meurt l'iront chercher dans *Cruelle Énigme* et dans *Mensonges*, dans *Le Disciple* et dans *Un Crime d'amour*, comme nous allons quérir le parfum de la décadence d'un siècle dans Marivaux et dans Crébillon fils.

Pourquoi fut-on si doux à celui dont le scalpel fut si tranchant ? Pourquoi, au lieu de le flageller des scorpions de la colère, l'a-t-on couvert de fleurs ? Parce que cet habile psychologue ne fut pas un moraliste sévère et qu'on devina en lui un frère triste et indulgent.

Il ne peignit pas ses personnages en censeur, mais en complaisant ; il chérit les vices qu'il analysait, il partagea même les ridicules qu'il évoquait. On sentit qu'il était indécis comme Liauran, incertain comme Vinci, tortureur comme Claude, dilettante comme Dorsenne et snob comme eux tous. Ce monde comprit que son romancier et son analyste lui ressemblait, que lui aussi manquait de volonté et de foi ; qu'il était cosmopolite et dandy de lettres, parce qu'il n'avait aucun désir, aucun idéal, qu'il allait sans but, l'esprit et le cœur désemparés, énervé par un mysticisme d'épiderme, affaibli par l'abus de soi-même et par l'excès des joies intérieures, et ses héros lui pardonnèrent de les avoir ainsi dévoilés, pour l'illusion qu'il leur donnait d'être pareils à lui, qui leur était supérieur.

Car Paul Bourget, s'il est semblable à ceux dont il nous a dit la vie, les domine parce qu'il se connaît et qu'il en souffre. C'est en s'examinant qu'il a pu les comprendre et les peindre ; il joue dans ses livres le rôle du chœur antique, un chœur clairvoyant et douloureux, il explique ce que ses amoureuses, ses dandys, ses sceptiques et ses impuissants sentimentaux se contentent de subir, et mieux qu'eux il sait ce qui lui manque pour être à la fois un artiste, un écrivain et un philosophe, c'est-à-dire un créateur.

FRANCIS CHEVASSU

En ce temps où tout le monde prétend être respecté et où chacun se guinde pour se grandir, M. Francis Chevassu a le sens de l'irrévérence. C'est un sens très précieux, un sens que l'on n'acquiert pas, et M. Chevassu l'a sans doute apporté en naissant. Il sait, chose rare, comment on doit donner une pichenette et quel est l'endroit où elle porte bien, enlevant le fard dont tout personnage un peu marquant embellit son visage et dissimule ses tares, mais il la donne sans fiel, il sourit du ridicule qu'il fustige et il se garde de le morigéner.

Il se plaît en la compagnie de ses victimes, et, si Claude Larcher, qui est un peu son frère, aimait les « beaux cas de difformité morale », M. Chevassu adore les beaux cas de vanité. C'est le vice — il dirait le défaut — qu'il a le mieux saisi entre tous les vices. Il en a étudié toutes les variétés, depuis la vanité bouffie et hypertrophique jusqu'à la vanité bon enfant, en passant par la vanité digne. Il a piqué la première pour la dégonfler, tapé sur le ventre à la seconde et fait le pied de nez à la dernière, car il y a un peu de Gavroche dans ce railleur.

Il s'est représenté lui-même comme un joueur de flûte ironique, gambadant devant les chars triomphaux, sans respect pour les quadriges ; mais l'air qu'il module est discret et son jeu est sûr. Il a dérobé, à ceux qu'il appelle les « bouffons et les demi-dieux de la vedette », leurs couronnes de lauriers et de roses, et il s'est complu à les effeuiller sous leurs pas pour en représenter l'inanité.

Il est un de ceux qui ont su nous faire connaître le fond des hommes. Il a vu derrière les façades imposantes; il a gratté légèrement la peinture des décors et nous en a montré la toile ; il nous a conduits dans les coulisses et nous a fait voir que la comédie jouée par nos contemporains était plus comique encore que nous ne le supposions. Ceux qu'il a exhibés ainsi, en déshabillé, ne lui ont peut-être pas été reconnaissants de son indiscrétion, je ne crois pas cependant qu'ils lui en aient gardé rancune. Ce n'est point que M. Chevassu ait toujours été très doux; il sait l'art d'égratigner, celui même de mordre, et, s'il enguirlande ses traits, il ne les émousse pas; mais, comme Bourget, il a étudié ses modèles avec complaisance, et ses modèles lui en ont su gré.

C'est que M. Francis Chevassu est préservé des faiblesses de l'homme aux rubans verts par son scepticisme; il ignore l'aigreur, parce que, s'il ne croit pas à la vertu des autres, il semble toujours douter de sa propre vertu, et l'on sent que sa verve gouailleuse est prête, à l'occasion, à se retourner contre lui. Toutefois, son scepticisme n'est pas grossier, il est plutôt tendre et délicat, et ce Bazouge narquois et gouailleur peut être parfois mélancolique. Les travers qu'il a notés, les difformités intellectuelles et sentimentales qu'il a cataloguées ne lui ont peut-être pas donné uniquement un plaisir d'artiste. J'imagine qu'il en a ri pour n'en point pleurer, et, sous son rire, on devine une tristesse douce, une tristesse prête à se railler, cette tristesse qui est au fond de l'âme de Philinte et que la bonhomie et le rire dissimulent moins qu'ils ne la parent.

ÉDOUARD PAILLERON

M. Édouard Pailleron est tenu pour le plus délicat des auteurs comiques et pour le plus comique des auteurs délicats. Il y a du vrai dans ces deux appréciations excessives, ou, pour mieux dire, il les faut interpréter toutes les deux. En effet, si l'on y regarde de près, on verra que cette délicatesse se réduit à un vernis léger, et que ce comique est contestable. M. Pailleron ignore au fond cette *vis comica* que M. Sarcey n'a jamais manqué de lui reconnaître.

Il ne connaît point le comique profond,

essentiel, qui sort des situations, des caractères, de la psychologie intense et de l'heureuse vision des circonstances. Il ne pratique que le comique du mot, comique superficiel s'il en fut, et il se sert sans scrupule de l'à peu près insuffisant ou du calembour un peu vieilli. Peut-être même les prend-il dans quelques anas, qu'on n'a point encore assez oubliés, et il les accroche dans ses comédies beaucoup plus qu'il ne les y introduit. C'est l'art du passementier, du tailleur qui coud les galons neufs ou les soutaches un peu fanées, mais ce n'est pas le talent du brodeur.

Aussi l'esprit que M. Pailleron manifeste paraît ne point tenir à sa cervelle ; cependant, de l'avis de tous, l'esprit est son domaine ; mais il serait plus juste de dire que c'est un domaine qu'il fait valoir et largement fructifier ; un domaine dont il est le bon fermier s'il n'en est pas le propriétaire.

M. Pailleron sait cela fort bien, il sait aussi qu'il n'est pas poète, et que Molière n'est en rien son aïeul. M. Pailleron est, en effet, un homme subtil et très fin, mais sa finesse est apparue surtout une fois à ceux qui la célébraient : c'est lorsqu'on joua le *Monde où l'on s'ennuie*. Ce jour-là, M. Pailleron transporta à la scène le Caro que ses auditrices avaient coutume d'entendre à la Sorbonne et celui qu'il leur faisait lire après dans la *Revue des Deux Mondes*, et ce fut de sa part finesse de paysan normand vendant deux fois sa vache ou tirant de son grain deux moutures. Il accomplit ainsi une tâche ardue et difficile, mais productive, car elle rapportait gloire à l'auteur dramatique et double profit à l'actionnaire. Je ne sais si parfois le génie de M. Pailleron fut plus profond, mais jamais il ne fut si pratique.

En tout cas, depuis cette victoire, il fut l'enfant chéri de ses contemporains; il détrôna le philosophe en se servant de ses propos, et il fit se pâmer les caillettes en imitant ses gestes, comme il sut les émouvoir par une sentimentalité fade et enfantine, et les captiver par quelques dons d'observation qu'il tenait assurément de cette portière que chanta Henri Monnier.

Mais tout change en ce monde, dans le monde où l'on s'ennuie, comme dans le monde où l'on s'amuse. Encore un triomphe

comme celui des *Cabotins*, et l'on dira de
de M. Pailleron : « Comme feu M. Esmenard, dont se plut à parler Beyle, il a tenu jadis bureau d'esprit à Paris. »

PAUL HERVIEU

L'homme est double, dit-on souvent. M. Paul Hervieu semble fait, ainsi que beaucoup d'autres, pour illustrer cette sentence, mais il l'illustre avec clarté, et l'on aperçoit très nettement les deux moitiés d'individus qui forment son personnage. Il a fréquenté des boudoirs dont seul le souvenir vit encore, des boudoirs du siècle dernier, et il a connu Crébillon le fils, ancêtre des psychologues, père de ceux qui se complaisent à disséquer des états d'âme; il y a vu aussi Laclos et il a gardé de cette rencontre un ineffaçable souvenir. Cela n'est pas un reproche, certes, et M. Hervieu sera le dernier à se plaindre que je lui trouve des aïeux. Mais, en sortant de la compagnie de ceux dont il se peut honorer d'être l'héritier, M. Hervieu est monté dans la chaise de poste de Sterne et, du voyage qu'il a fait avec cet Anglais, il a gardé une raideur de pince-sans-rire, et un peu de cette mélancolie délicate et ingénieuse qui crispe le rire et ennoblit le railleur en en faisant un humoriste.

Jadis, M. Hervieu eût publié quelques-uns de ces subtils dialogues ou de ces délicates historiettes, qui se peuvent réclamer tous du *Hasard du coin du feu*, par exemple, et il eût fait éditer *Diogène le Chien* à Paphos et *Aux Dépens de la Compagnie*.

Mais il est venu dans un temps où son pessimisme natif ne lui permettait pas de peindre en souriant la vanité de l'amour ou l'amour de la vanité, et, s'il a été un instant la dupe de certaines élégances, s'il a cru au monde, il a cessé vite d'en être le complaisant pour en devenir le satiriste.

Il a été, pour remplir cette œuvre, merveilleusement armé. Il n'ignorait pas les défauts de ceux qu'il voulait montrer, il connaissait leurs vices, il avait pratiqué la casuistique de leurs sentiments, il savait leurs sophismes, et il avait dérobé le secret des masques dont ils se parent. C'est avec une ironie féroce et triste qu'il a dénoué les cordons des loups de velours rose ou de satin noir, et, s'il s'est attendri parfois sur ceux qu'il dévoilait, ç'a été sans doute pour les pouvoir fustiger plus âprement.

Toutefois, la raillerie, la colère même de ce romancier, froid, inquiet et élégant, n'a jamais dépassé certaines bornes. M. Hervieu est un homme mesuré, il redoute l'éclat et sait dorer sa satire, il ne démolit pas les statues, mais il les perce, et parfois, dans les blessures qu'il fait, il laisse le stylet.

D'ailleurs, tout est harmonique en lui, et il apprécie la puissance des armes dont il peut disposer ; son style précieux, souvent tarabiscoté, n'est pas fait pour la violence du pamphlétaire, mais il sait mordre comme une scie, une scie aux dents menues et fines. De même, si M. Hervieu ne sait pas peindre de fresques, il exécute fort bien les tableaux de chevalet, il est habile à trouver les nuances de sentiments, leurs tons les plus frêles, et encore là s'affilie-t-il à ces écrivains du xviii° siècle auxquels je le rattachais tout à l'heure. Il les représente parmi nous, avec leur talent et leur esprit, avec leur finesse et leur préciosité aussi, avec leurs qualités et leurs défauts, mais il les rajeunit et les renove, et sait rester lui-même en étant comme eux.

LÉON DIERX

Si je disais que Léon Dierx est parmi les plus grands poètes de notre temps, sa modestie s'en effaroucherait. Cette épithète le choquerait, il ne la trouverait pas mesurée et il ne m'en saurait assurément pas gré. Je dirai donc qu'il est entre les plus exquis, les plus tendres et les plus délicats, les plus originaux aussi, bien qu'on l'ait souvent considéré, dans le Parnasse, comme un bon élève de celui qu'il se plut toujours à saluer du nom de maître : Leconte de Lisle.

Cependant, sur cette colline singulière, peuplée d'êtres disparates et où souvent Cadet-Bitard remplaça Thyrsis, Léon Dierx fut celui dont la flûte, si elle exécuta des variations sur des thèmes connus, sut chanter de rares, précieuses et personnelles chansons.

Ce n'est point dans ses poèmes égyptiens, arabes ou bibliques, que sa personnalité s'est manifestée, et, pour louer Rhamsès ou Hemrik le Veuf, il n'a pas trouvé d'accents nouveaux. Il a fait mieux. Il a su exprimer, en des vers inoubliables, tout le charme enveloppant, sinueux, profond et captivant de la mélancolie passionnée. Il est, dans la poésie contemporaine, un triste, grave et voluptueux chanteur ; il a compris l'amoureuse et morose beauté de la nature, la plaintive et angoissante douceur des automnes, la tiède tendresse des soirs septembraux.

Il a peuplé ce monde mélancolique de formes voilées, à la démarche onduleuse et lasse. Aux jardins et aux bois, aux coteaux où se pressent des arbres un peu sombres et où traînent des brumes d'un bleu moelleux, aux plaines à l'herbe grasse et mouillée, aux fleuves dont les ondes s'étirent, il a prêté une âme, et cette âme, c'est la sienne : une âme de créole, d'une élégante et hautaine mollesse, pleine de morbidesse et de noble sentimentalité, amante des belles harmonies et des grâces touchantes.

Mais en cet âge de cabotinage, en cette époque d'apparat illusoire, bruyant et faux, l'originalité de Léon Dierx aura été de dédaigner la gloire, de mépriser le tapage, de vivre d'une admirable vie de rêveur et d'artiste, soucieux seulement de connaître ses songes et de les réaliser. C'est par là que Léon Dierx mérite plus que l'estime si haute qui lui est due, et qu'il commande le sentiment moins répandu du respect. Il apparaît, silencieux et solitaire, comme un de ces vieux maîtres d'autrefois, qui vouaient leur existence à ciseler les buires, à inciser les pierres précieuses, ou à émailler les poteries. Par sa probité, par la beauté de son caractère et de sa vie, il semble d'hier, et cependant il est plus que d'aujourd'hui, car il a trouvé des rythmes nouveaux, des rythmes lâches, enlaceurs, souples et vivants, et cet enfant du rêve, comme l'appela un jour Villiers de l'Isle-Adam, est parmi les éducateurs de ceux qui cherchent, au-delà des métriques consacrées et des officielles poétiques, un art nouveau.

JEAN MORÉAS

M. Jean Moréas, qui est Grec, plus encore qu'André Chénier, nous a payé, en guise de tribut, quelques chansons d'une naïveté apprêtée et voulue, dans lesquelles il imitait la voix des poètes défunts. Il est allé chercher, dans les fontaines du Vendômois, les pipeaux de Ronsard, qu'avait jetés là peut-être un satyre, et, sur ces roseaux divins qu'il emprunta, il a modulé des mélodies parfois gracieuses. Il a évoqué les nymphes et leur a fait chanter le Pæan en l'honneur des dieux gaulois.

Lui seul pouvait se permettre cette restauration, car il avait seul encore l'âme enfantine et un peu vide des bardes d'antan. C'est un aède ingénu, dont le plaisir consiste à faire des vers, à les dire et surtout à se les entendre dire, comme il écouterait sonner des grelots.

C'est à cause d'une naturelle affinité qu'il est allé chercher, après Ronsard et du Bellay, dont la complexité dut l'effrayer un jour, les vieux troubadours et les trouvères, les antiques jongleurs qui savaient célébrer l'amour et n'avaient souci que de leur belle, des frairies et des joies douces du printemps. Il a appelé ce retour en arrière « fonder l'école Romane », et il a fait quelques disciples, qu'il mène sur la montagne Sainte-Geneviève, à défaut du

Pinde lointain, et parfois, l'été, sous les arbres du Luxembourg, dont les bosquets remplacent les jardins d'Académos.

C'est là qu'il rénove le français et l'art poétique, ou du moins qu'il les transforme, et il retourne vers le passé, tout en préparant l'avenir, car il a de grandes ambitions. Il a rêvé d'une restauration grammaticale et s'est déclaré le continuateur de Fénelon et de La Bruyère, ce qui a surpris ses contemporains. Il a tenté de ressusciter des mots, des mots que poètes et écrivains avaient laissé choir sur leur route et qui, depuis le XVIe siècle, étaient morts. Aussi, durant six mois, on le tint pour un grand révolutionnaire, parce qu'il prétendait vieillir la langue de quelques cents ans.

A cette époque, il fut célèbre. On le dépeignit comme un chef illustre qu'entourait une horde de jeunes hommes enthousiastes et chevelus, et sa légende fut propagée par de malicieux amis. Jean Moréas avait lié son destin à celui du symbolisme, et le symbolisme mourut lorsqu'il le quitta. Cependant, de subtils critiques ont avancé que M. Moréas ne mérita jamais ce titre de symboliste, et sa vanité plutôt que sa conscience accepta le pavois sur lequel quelques ironistes le voulurent hisser.

Mais ces jours sont loin. Désormais, Jean Moréas a déposé son sceptre et sa couronne : il s'est retiré dans la villa d'Horace, et ce novateur terrible recrépit maintenant les odes du vieux maître. Il farde Lydia, Chloris et Lycé, et il fait soupirer ces amantes défuntes en des poèmes que le Limosin rencontré par Panurge n'eût pas écrits peut-être, mais qu'il n'eût cerainement pas dédaignés.

MELCHIOR DE VOGÜÉ

M. Melchior de Vogüé a été jadis le plus jeune des académiciens, heureux état qui permet des espiègleries dont l'habit vert augmente le ragoût. Je ne sais s'il est encore le junior de la coupole, mais peu importe : s'il n'est pas le plus jeune des Quarante, il aspire à l'être.

C'est un homme à l'œil doux et voilé, à l'allure contrainte ; il a l'air de marcher de biais, et il va par les salons comme au travers des idées générales, avec une assurance gênée et hésitante.

Sa parole est lente, embarrassée presque ; elle révèle la confusion de sa pensée autant que la mollesse filandreuse de son style, son style de « Chateaubriand en chambre » qui lui a valu un fauteuil auprès de M. Rousse, et non loin du duc de Broglie.

M. de Vogüé est aristocrate, parlementaire, évangélique et humanitaire à la façon d'un apôtre de 1840 qui aurait été philippiste. Éduqué par Tolstoï et par M. de Tocqueville, il s'est gardé d'emprunter au premier sa profondeur et au second sa lucidité. Il a voulu rester lui-même et il a résolu le double et difficile problème d'être à la fois l'amant ossianesque du passé et un des petits prophètes du présent. Cependant, il est surtout moderne, d'un modernisme extrême et définitif, et il chante la Tour Eiffel, craignant sans doute d'être accusé de hanter les catacombes.

Cette qualité lui a valu autrefois le nom de Prince de la jeunesse. Je parle d'il y a longtemps. Il a pris ce titre au sérieux. Pour parler à ses jeunes disciples, il a noué autour de son cou la triple cravate de feu Royer-Collard, cette cravate dont paraissait avoir exclusivement hérité M. Nourisson des Sciences morales et politiques. Il a tiré de cette attitude quelques bons effets oratoires, et y a gagné surtout la considération de ceux qui l'écoutaient et le regardaient parler.

M. de Vogüé a beaucoup écrit, mais il

n'a pas fait d'œuvre encore. Il s'y prépare en publiant de copieux et fugitifs essais, aimables, sinon admirables, car il effleure tous les sujets en se gardant d'en déflorer aucun. C'est un écrivain circonspect et guindé, dont les regards eux-mêmes se croient obligés d'être littéraires et académiques. Il est parfois nuageux, mais ce n'est pas à dessein ; son esprit est naturellement empanaché de brumes, et, s'il met un plumet à ses périodes, il les débrouille rarement.

Peut-être, cependant, agit-il avec intention et feint-il de cacher ainsi quelque idée sous le décor fumeux de ses propositions et de ses périphrases, pour qu'on lui en suppose d'autres, car M. de Vogüé passe pour un philosophe extrêmement avisé, bien qu'il soit très naïf, d'une naïveté pompeuse et touchante, lui donnant l'air d'un berger diplomate qui n'est plus dans la carrière et en garde de dignes, hautains et cuisants regrets.

PAUL DESJARDINS

Dans ce régiment de l'idéal que commande vaillamment M. de Vogüé, M. Paul Desjardins est capitaine, capitaine instructeur, et il s'est chargé jadis de rédiger le manuel du parfait conscrit du devoir, du devoir présent bien entendu, car c'est aussi le souci du modernisme qui hante l'âme de ce jeune agitateur.

Il est de ceux qui tâtent quotidiennement le pouls à leur temps et savent lui ordonner des juleps poisseux et léthifères. Il aspire à être le conseiller des familles, le guide des éphèbes incertains, le lampadophore qui montre la route aux égarés, mais il porte plutôt un quinquet misérable et fumeux qu'une torche haute et claire.

M. Desjardins a une mission ; je veux dire qu'il s'en attribue une. Il nous l'a confié souvent, dans des brochures écrites en ce mauvais français qui vient de Suisse, chose fort importante, car le sacerdoce littéraire est exercé maintenant par ceux qui font blanchir leur linge à Londres et ceux qui font essorer leur style à Genève.

M. Desjardins, qui a l'âme d'un pasteur ou d'un bedeau, sinon d'un prêtre, est un écrivain candide et présomptueux. Parfois, pour sa commodité personnelle, il emprunte des tropes à Calino, mais ils ne peuvent faire oublier l'intérêt des questions qu'il agite, comme il agiterait les boules d'un sac de loto.

C'est après quelques années de pratique universitaire que M. Desjardins constata la détresse morale de ses contemporains, et voulut y remédier. Il se prépara à cette besogne par de fortes études, s'assimila les œuvres complètes de M. Charles Secrétan, et, ayant reçu l'accolade de M. Lavisse, il partit en guerre, semblable à un Sancho-Pança ayant dérobé la lance de don Quichotte.

Il a fondé des confréries, organisé un compagnonnage, discipliné des prédicateurs, et il fait une propagande qui, pour être sans objet et sans but, n'en est pas moins active. Car c'est cela qui fait de M. Desjardins un apôtre unique et rare :

il n'a pas d'idée fixe, il n'a même pas d'idées du tout. Il sait que l'humanité a une destinée, il ignore laquelle, mais il sait qu'elle y arrivera avec la volonté du bien et les sentiments du devoir, et il travaille avec un bel enthousiasme à ce grand œuvre.

Il a l'œil fixé sur cet avenir qu'il prépare sans le connaître, et, de temps en temps, il monte au Sinaï. De là, il fait entendre de graves, sereines et vides paroles : il prêche l'action. Demain, il fondera cette *Société de Secours moral* et cette *École de Liberté* dont il nous entretient parfois, et il régénérera les petits bourgeois, qui en ont grand besoin, en leur montrant un idéal de camelote et un Saint-Graal de carton-pâte.

C'est pour cela que j'ai placé M. Desjardins parmi les hommes de demain : parce qu'il nous fait prévoir l'insipide, plate, vaniteuse et égoïste génération future, dont il aura été un des béats précurseurs.

ANDRÉ THEURIET

—

Il y a quinze ans, plus peut-être, M. André Theuriet représenta en France la littérature forestière qui jusqu'alors nous manquait. Il fit, à cette époque, quelques livres que parfumait l'odeur des sapins et des mélèzes et dans lesquels passaient des jeunes filles sauvages et fraîches ; nul ne se souvient plus de ces œuvres de début et M. Theuriet paraît avoir été un des premiers à les oublier.

De forestier il est devenu confiseur et, des baies un peu âpres qu'il avait cueillies dans les buissons et sur les haies, il s'est empressé de faire des confitures pour la *Revue des Deux Mondes*. Cet avatar n'a pas été heureux et M. Theuriet n'y a rien gagné, du moins en considération littéraire.

Il est désormais de ces heureux qui n'ont pas d'histoire, de ceux qui n'excitent ni l'amour, ni la haine, ni même l'envie : c'est un écrivain vague et sans consistance, dont les romans sont ternes, les idées vagues et le style gélatineux. Il a été poète — peut-être l'est-il encore, — il a fait partie de ce troupeau d'orphéonistes, arrière-garde du Parnasse, qui a à peu près dégoûté notre temps de la poésie, mais ses vers ne sont connus de personne, pas même des petits oiseaux qu'il a chantés. Critique, il a été un de ces bénisseurs de peu d'importance, dont la louange est fâcheuse et dont on fuit l'approbation, car, si M. Theuriet ne sait pas haïr, il ne sait pas davantage aimer : il ondoie sans enthousiasme et bénit sans entrain.

Cependant, comme romancier, il occupe une situation spéciale et qui n'est pas à dédaigner. Il réjouit et émeut les familles, plaît aux jeunes filles, captive les gens du monde et charme la petite bourgeoisie. On trouve chez lui les classiques personnages des vieux mélodrames : les vierges candides, les jeunes hommes chevaleresques, les doux vieillards, les traîtres farouches, les philosophes ironiquement bienveillants, les sceptiques désabusés et bourrus, tous les héros qui étaient déjà démodés au temps des *Deux Orphelines*, mais que l'on chérit toujours comme de vieux amis que l'on ne veut pas avouer. On reconnaît leurs phrases toutes faites, leurs conventionnelles pensées, leurs sentiments vulgaires et théâtraux, et leurs passions édulcorées.

C'est là une des causes de la discrète renommée de M. André Theuriet : il permet à quelques-uns de fréquenter sans honte ce monde suranné et aimable ; il leur procure, à peu de frais, l'illusion de la modernité, et même celle de la littérature. A ce jeu il ne gagnera sans doute pas la gloire éternelle, mais il aura été un des petits bienfaiteurs de l'humanité. N'y a-t-il pas là de quoi satisfaire un cœur simple et une ambition honnête ?

JEAN AJALBERT

Lorsque naquit le vers libre, qui déjà semble décrépit — car tout va vite, hélas! — M. Jean Ajalbert fut un de ceux qui le tinrent sur les fonts baptismaux. Aussi aura-t-il sa place dans les anthologies futures, et, quand on fera l'histoire poétique de ce temps on n'oubliera pas de le mettre en bon rang. C'était alors un moderniste, un amoureux du temps présent que ni les mythologies ni les chevaleries vieillies ne captivaient. Il se réclamait de François Coppée, et il disait les joies des humbles, ou les tristesses des petits, mais il ne les disait pas en alexandrins, ce qui aurait déjà suffi à le distinguer de son maître.

Cependant François Coppée ne fut pas le seul inspirateur de M. Jean Ajalbert. Parmi les jeunes réalistes, il se rattacha plutôt à M. de Goncourt qu'à M. Zola. Il eut le souci minutieux de l'écriture, la hantise du mot et de l'image; il fut un poète impressionniste, il voulut rendre la poésie du réel, il la chercha dans les plus petits côtés, et peut-être même attacha-t-il trop de prix à l'apparence des choses. Il se complut aux paysages de banlieue, mais de la banlieue qui est laide, aux talus lépreux des fortifications, aux guinguettes et aux cabarets du bord de l'eau, et il fréquenta la foule qui hante ces plaines. Il peignit ces décors et leurs personnages avec une exactitude un peu sèche de pointilliste; c'était là son but, et il a tenu dans la poésie et le roman la place de Raffaëli, ou mieux encore, de Seurat, dans la peinture.

On pourrait justement lui reprocher une certaine étroitesse de conception, de dédaigner souvent les idées générales, et d'avoir sacrifié l'ensemble à sa préoccupation extrême du détail. Mais c'est avec sympathie et amour qu'il a vu la laideur, la faiblesse, l'imperfection et la misère des sites et des êtres qu'il a mis dans ses livres. Il les a aimés, et, après avoir décrit, à petits traits hachés, leurs hideurs et leurs infirmités, il s'est inquiété de leur âme et de leur esprit. Il commença par dessiner quelques fantaisistes croquis de pierreuses; il finit par le large et humain plaidoyer de la *Fille Elisa*, dont on se souvient encore, et par les touchantes pages sur le pays auvergnat.

Mais M. Jean Ajalbert n'est pas seulement romancier et poète, ou voyageur curieux et subtil. Lorsqu'il ne vagabonde pas en Auvergne ou en Bretagne, il hante le Palais et devient Maître Ajalbert. Il trouve là encore matière à exercer son observation, à développer sa sensibilité, et, dans cette plaidoirie dont je parlais et que nous entendîmes un jour retentir au Théâtre-Libre, il a su concilier le barreau et la littérature, sinon les réconcilier.

GEORGES OHNET

C'est une grande infortune que celle de M. Georges Ohnet, et ce triomphateur est le plus malheureux des hommes. Entre tant de romanciers vulgaires et de poètes inférieurs, il a été choisi comme bouc émissaire. Il a supporté le poids de toutes les rancunes, il a été l'instrument de toutes les ambitions, et on a vécu des anathèmes qu'on lui lançait. On a affiché le dédain de ses œuvres, pour pouvoir louer M. Rabusson ou feu Delpit avec plus d'autorité, et, pour les bourgeois de notre temps, le mépris d'Ohnet est devenu le commencement de la sagesse esthétique.

Pour le défendre, rassurez-vous, âmes sensibles et jalouses, je ne dirai pas qu'il a du génie, mais il a autant de talent que bien d'autres qui n'en ont pas plus que lui, car il ne faut pas croire que M. Ohnet, quoique médiocre, soit inférieur à M. Cherbuliez, qui est de l'Académie, ou à M. Theuriet, qui voudrait bien en être. Un certain niveau dépassé, toutes les productions littéraires se valent. Quel barbacole expert à juger les œuvres saurait ranger par ordre de mérite *Lise Fleuron*, *Samuel Brohl*, *Charme dangereux* et *Rose et Ninette ?*

Aussi, vous tous que séduisit *Serge Panine* et que le beau *Maître de Forges* fit pleurer, vous qui avez renié Ohnet au premier appel de Jules Lemaître, apaisez vos scrupules, honnêtes gens, et revenez à lui. Ne pensez pas que votre affection pour lui soit plus blâmable que votre tendresse pour M. Daudet, et ne baissez plus la voix lorsque vous parlerez avec émotion de la *Grande Marnière*. Combien naturels sont vos sentiments et pourquoi les cacheriez-vous, quand vous avouez votre penchant pour les vers de M. Manuel ?

Tranquillisez-vous, bonnes âmes, Georges Ohnet est évocateur, évocateur à sa manière, et vous le pourrez goûter.

Dans l'ingénu langage qui séduit le Jockey et le Sentier, il a peint sans fard et sans malice un monde qui méritait d'être peint. Il est l'historiographe de la bourgeoisie contemporaine; il a fait revivre ses modèles avec la plus effrayante exactitude, il les a décorés des vertus et des vices, des pensées et des passions qui leur étaient propres, et, comme il avait leur âme, il fut leur parfait psychologue.

On l'a cru romanesque, et il est le plus implacable des réalistes. Ses héros existent, il les a vus sous leur aspect médiocrement héroïque, tandis que Zola les montrait sous leur côté répugnant et bas. Les bourgeois de M. Ohnet sont plats et ceux de Zola sont ignobles, mais lesquels sont les plus vrais de Muffat et de Séverac, de Mouret et de Carvajan, de Phillippe et de Saccard, de Lereboulley et de Trublot. Qui le dira ?

Ici, j'entends quelqu'un me dire que l'art n'a rien de commun avec la vérité photographique. Je n'ai jamais prétendu le contraire. Mais l'art n'est pas en cause ici, puisque j'ai parlé du métier qu'exercent certains hommes, et ce n'est pas disserter sur l'art que de disserter de Georges Ohnet. Toutefois, il ne faudrait pas que certains s'imaginent avoir une préoccupation plus noble en s'adonnant à l'éloge de M. Jean Rameau, par exemple. C'est cela que j'ai voulu dire.

ANATOLE FRANCE

M. Anatole France est le fils de Renan, dont M. Jules Lemattre est le singe. C'est un écrivain délicat et pervers, ironique et sentimental, infiniment crédule et très sceptique, plein de grâce et de souplesse. Il est d'esprit agile, d'intelligence plus étendue que profonde, il sait avec art tourner autour de toutes choses, mais il ne pénètre jamais au fond. Son cerveau est meublé, mais les meubles y sont en désordre, et, s'il a des idées, il ne sait pas les ordonner.

C'est une nature étrange. Il connaît le rythme des formes, mais il ignore l'harmonie des essences; il est bon parnassien et médiocre philosophe, il a écrit des contes charmants et n'a jamais su composer un livre. Il est précis dans les détails, diffus dans l'ensemble, très clair et très confus, à la fois net et ambigu, et, pareil au barbet de *Faust*, il va vers son but en traçant des cercles concentriques.

Il fit jadis de la critique avec plus de dilettantisme que de conviction, avec plus de fantaisie que de franchise, mais toujours avec beaucoup d'art. Dans ces fonctions si graves qu'il exerçait au journal *Le Temps* il examinait les œuvres de ses contemporains avec autant de mauvaise volonté que d'indifférence. Comme il chérissait le passé, il en oubliait le présent, et il dissertait habilement sur Kadmos, lorsque de tumultueux jeunes hommes imploraient des conseils sur le temps présent.

M. France a toujours, d'ailleurs, cultivé l'à peu près : à peu près théorique, critique et philosophique, car ce poète scrupuleux des règles est le plus irrésolu des moralistes, le plus déséquilibré des métaphysiciens.

Il est nerveux et impressionnable; il tourne au vent qui souffle, et, parfois, son impressionnabilité se transforme en une singulière vertu d'assimilation. Aussi n'est-il souvent qu'un marqueteur ingénieux, un adroit mosaïste. Mais il est surtout le plus délié des rhéteurs, le plus inconsistant des sophistes.

Il a hérité de l'âme de ces Grecs de la décadence, qui savaient parer le vrai, farder le faux et vivre de l'un et de l'autre. Dans la littérature, il joue le rôle d'un chantre de Sixtine : il en a la voix pure et l'irrésolution. On l'écoute sans déplaisir ; il séduit, mais il inspire plus d'intérêt que d'admiration. Doux, et même timide, c'est un homme paisible qui met, je crois, sa tranquillité au-dessus de ses convictions, un de ces hommes qu'une croyance aurait gêné et que la crainte a rendu tolérant. De là, l'indécision de M. Anatole France. Il ne sait jamais quels principes passagers lui donneront le plus de quiétude. Il est comme tous les sceptiques, il manque de ces certitudes qui contribuent à donner la paix ; aussi n'aime-t-il pas l'intransigeance. Il redoute les opinions trop nettes, et, s'il ne les attaque pas, par prudence, il sait les éviter par raison.

JOSÉ-MARIA DE HEREDIA

M. de Heredia est le plus heureux des poètes ; il est né sous une étoile fortunée, des déesses se sont penchées sur son berceau, et ce sont des dieux favorables qui l'ont guidé dans la vie. Mais il ne se contente pas d'être le plus heureux des poètes, il est un des meilleurs, ce qui vaut mieux encore. Le coffret qu'il nous a offert et que l'Académie elle-même a accepté est empli de gemmes brillantes, d'éclatants joyaux, de perles pures et blanches comme un argent inviolé, non point entassés, mais sertis en des parures d'un travail précieux et sûr, d'une forme noble et d'un saisissant aspect.

Cette métaphore ne veut cependant pas dire que M. de Heredia est uniquement un joaillier. Certes, on peut l'affilier à quelques antiques ciseleurs de métaux et de pierres rares, il en a la conscience, la patience minutieuse et intègre, et le désintéressement. Il œuvre pour œuvrer, et parce qu'il lui plaît de polir son sonnet, comme ceux d'autrefois patinaient leurs bronzes, pour les rendre plus parfaits ; mais il a d'autres soucis.

Dans l'univers, il ne voit pas assurément les lignes, ou les essences abstraites, il saisit le décor fugitif et brillant des choses, les images qui passent sur la mouvante toile du monde, il les fixe, et, en les fixant, il les transforme, les modifie, les change, car il a l'œil d'un visionnaire, d'un visionnaire puissant et créateur, dont les prunelles seraient pleines d'or et de pourpre.

Toutefois, il est aussi un évocateur, non seulement un évocateur d'objets, mais un évocateur d'êtres et d'époques. C'est à sa manière, elle n'est point mauvaise, un psychologue, un historien et un créateur. Il pénètre l'esprit des temps abolis, il les peut restaurer et animer, et il connaît les vertus magiques qui font revivre dans les vers d'un poème les héros morts. Il a su rendre l'âme de Cléopâtre et celle d'Antoine, la terreur de Rome attendant Annibal, comme la délicieuse angoisse des conquistadors triomphants. Sur une médaille il a vu la Grèce, et le pommeau d'un glaive a suffi pour qu'il nous fasse apparaître l'Italie des Borgia et des Sforze.

On a écrit que M. de Heredia était un violent, un excessif. Il est, en effet, un déformateur puissant, et son goût est pour l'éclat et la truculence ; mais, si l'on prétend dire qu'il n'est sensible qu'aux couleurs exaspérées, aux images fortes, on s'est trompé, car il sait rendre les nuances et les teintes des pâles soirs de Bretagne, les nuances insaisissables des mers paisibles, aussi bien que les flamboyants crépuscules des Tropiques. Il y a en lui un coin de mélancolie douce, claire et non sans tendresse, celle des poètes latins, mélancolie bien portante et tranquille, qui pousse ce parfait poète à quitter parfois la caravelle des voyageurs héroïques pour le vallon de Sabinula ou la maison de Sextius.

GEORGES RODENBACH

Les ors, la pourpre et les pierreries rutilantes ne sont pas connus de M. Georges Rodenbach, ou, plutôt, il les veut ignorer. Il est de ceux que l'éclat blesse, qui redoutent les fanfares de la lumière et lui préfèrent les tendres pénombres ou les froides et ternes clartés lunaires.

C'est un prosateur et un poète qui chérit les crépuscules et les aubes, non point ces couchers de soleil et ces levers d'aurores méridionaux qui sont trop métalliques et trop nets, mais ces heures agonisantes et naissantes du septentrion qu'une brume toujours cache et qu'un voile recouvre. Les splendeurs bruyantes des midis ne sont pas faites pour lui.

Il n'aime qu'une couleur : le blanc, et il le veut voir partout. Blanc du croissant céleste, blanc des linges et des dentelles, blanc de la neige et blanc des diamants; il en connaît toutes les nuances, tous les tons, toutes les déformations, depuis celui que le bleu adultère jusqu'à celui-là que le rose embellit et que pare le jaune.

Il en cherche les correspondances, il s'inquiète des analogies des choses avec ce blanc qui lui est cher, il l'apparie avec des béguines frêles, paisibles, douces et taciturnes, avec la paix des pelouses claustrales, avec le silence des eaux muettes qui coulent entre les revêtements de pierre des canaux et s'y endorment comme des nonnes dans un sarcophage. Il crée un monde de tranquillité et de douceur, où règnent le blanc et le silence, il le peuple d'âmes ténues et fluettes, d'ombres marmonnantes et tristes qui cachent leurs faces sous le flot épais des batistes et des guipures, en se promenant par des paysages congelés dont les fleurs sont de givre, et qu'ornent les pendeloques des stalactites rêveuses.

Cette préoccupation d'un univers où tout serait blancheur, et que seul habiterait le silence, tourmente M. Rodenbach et le conduit à la préciosité, au douceâtre, à la puérilité même. Il s'ingénie à trouver des concordances, il orchestre sa symphonie, il ne permet qu'à la voix tintinnabulante des cloches, au murmure des sources pures, au susurrement de l'encens qui se consume, de troubler la paix de ses cloîtres, de ses villes, de ses bois et de ses jardins, et il a su harmoniser son style avec les êtres qu'il évoque, les béguinages qu'il décrit, les cités mortes qu'il chante. C'est un style lénitif et un peu terne, dont le blanc parfois devient gris, dont la douceur tourne au miel souvent, mais c'est quand même le style d'un artiste qui est un rêveur.

JEAN AICARD

La destinée de M. Jean Aicard est une destinée curieuse, elle offre un bon thème à réflexions, et l'on en tirerait une méditation morale dont le titre serait : Comment il suffit de n'être rien pour arriver à tout. Cependant, M. Aicard, qui l'eût cru? a des admirateurs, et ces admirateurs ne sont pas tous toulonnais. Quelques-uns de ses contemporains, surpris peut-être par sa faconde, le disent excellent poète et parfait romancier. C'est un rapsode basané, qui a le geste lyrique et la voix emphatique.

Il représente peut-être, avec M. Jean

Rameau, le poète à concours, l'aède de cérémonies publiques, celui qui se confronte aux statues, récite des poèmes à l'ombre des gloires consacrées et bénéficie de leur renom.

On voit M. Aicard aux distributions de prix, aux inaugurations d'édifices publics, aux réceptions d'ambassadeurs ou de ministres. Dans toutes ces circonstances, il brandit une lyre frénétique et, mettant bout à bout des mots qui finissent par faire douze pieds, il dit des vers, toujours, sans trêve, avec ce ronron mélancolique qu'il a emprunté aux vagues de ses plages natales, et avec des gestes qu'on connaît seulement au Conservatoire.

M. Jean Aicard n'est point sans célébrité, et, s'il est ainsi illustre, ce n'est pas qu'il ait saisi la foule par l'éclat de ses triomphes et la splendeur de ses œuvres. Non, car M. Aicard est un auteur à insuccès, et sa gloire est faite de ses revers. Il doit beaucoup à *Smilis*, presque autant qu'à *Mireille*, et le *Père Lebonnard* n'a pas nui à sa renommée. On connaît moins ses romans, mais on les estime quand même. On les lit peu, mais on lui sait gré de les écrire ; on le tient pour un champion de l'idéalisme, un de ces champions sans doute dont le rôle consiste à faire chérir les pires odeurs réalistes, car il est de ceux dont la pauvre imagination rend la vertu si plate, qu'on lui préfère le vice pimpant. Il existe une école morale classique qui veut mener ses disciples au bien en leur présentant le mal. M. Aicard sait provoquer au mal en peignant le bien.

C'est un romancier doux et même fade, lénitif et en même temps bruyant, un Méridional qui aspire au lakisme et veut marier le tambourin de Valmajour à la guitare d'Ossian. Il voudrait être un conteur populaire, quelque chose comme le Feuillet des petites gens; peut-être atteindra-t-il son but, et rien ne manquera alors à son ambition, sinon l'Académie et un peu de cette originalité qui fait les bons poètes, car, si M. Jean Aicard a ravi quelques rayons de miel dans la ruche de Mistral, dérobé à Aubanel quelques grains de grenade et cueilli au jardin provençal des fleurs dont il s'est paré, il n'a pas su ordonner son butin et n'a rien ajouté à ses conquêtes.

FRANCIS POICTEVIN

Après avoir poursuivi les sensations troublantes et les images étranges, M. Francis Poictevin, qui fut un chercheur de mots, est devenu un chercheur d'essence. Après avoir été un collectionneur de pierres rares, il a dédaigné les trésors amassés par ses mains et il s'est enquis des joyaux invisibles. Il a abandonné le culte des phénomènes pour celui des ombres virtuelles et il a quitté le grenier de M. de Goncourt pour l'oratoire de sainte Catherine.

Je croirais volontiers qu'il se repent

d'avoir été un virtuose de l'expression et d'avoir voué trop de son temps à l'apparence des choses. Il a l'âme des moines d'autrefois que torturait le songe du futur, l'amour de l'unique, et qui tous les jours se demandaient anxieusement s'ils n'avaient pas commis le péché contre l'esprit.

Or, pendant bien des années, M. Poictevin a été le pécheur contre l'esprit. Il n'a été qu'un rhéteur, sensible à l'aspect extérieur du monde, un amuseur d'esprits subtils, un jongleur raffiné, un joueur de flûte se plaisant aux délicates et vaines harmonies.

Désormais, s'il n'a pas brûlé ce qu'il a adoré, il a appliqué sa pénétration à d'autres objets. A force de quérir des syllabes pour rendre l'insaisissable, il a voulu atteindre l'absolu, au travers des voiles qu'il avait tissés.

Il est presque unique dans notre temps à avoir le sens de la mystique. Il en connaît le vocabulaire analogique, mais il l'a transposé, car c'est un mystique hérétique, se rapprochant davantage de Novalis que de Marie d'Agreda. Il chérit les pâles lys que le souffle divin faisait palpiter autrefois au fond des monastères, mais il ne les rejoindrait pas sous les arceaux des cloîtres, et la prière qu'il récite va plutôt à l'ineffable Pan des orphiques qu'au Dieu des bonnes gens.

Toutes les préoccupations contemporaines semblent être indifférentes à ce pérégrin libre et rêveur, qu'inquiète l'âme du monde. Cependant, il a le cœur humble et pitoyable comme un de ces petits frères qui vivaient à côté du saint d'Assise, chantaient des cantiques au soleil, aux fleurs des champs, aux oiseaux des bois, et désertaient la richesse qui souille, abaisse et corrompt.

Francis Poictevin est, comme tous les mystiques, un égotiste révolté contre les règles, un individualiste fuyant l'oppression des milieux, des autorités et des règles, un anarchiste religieux. Il est un pèlerin indépendant et vagabond, et c'est peut-être son vagabondage intellectuel qui l'a poussé à ne jamais donner que des marginalia d'un poème et d'une œuvre qui ne vient jamais et que cependant il devrait faire.

SULLY-PRUDHOMME

Au temps jadis, quand M. Alphonse Lemerre prenait le passage Choiseul pour un des vallons du Parnasse, M. Sully-Prudhomme réunissait en bouquet et en gerbes des fleurs pâles, frêles et discrètes, d'un éclat débile et d'un parfum doux et mélancolique. Il contait les *Épreuves*, il chantait les *Solitudes*, et il en savait dire le charme triste et délicat.

Il n'a jamais été un de ces lyriques impétueux qui peuvent guider le flot des images, il n'a pas, non plus, été guidé par elles, il a voulu les choisir et n'y a pas toujours réussi. C'est un poète distingué, parfois vieillot et souvent élégiaque.

On peut se promener au travers de quelques-uns de ses poèmes comme au travers d'antiques hypogées, et, si quelquefois ses vers paraissent emmaillotés de bandelettes, c'est sans doute que M. Sully-Prudhomme veut nous inciter à la tristesse méditative, restaurer en nous les passions abolies et faire revivre les sensations mortes. Il a mis un jour dans un sonnet doucereux, tendre comme une guitare et triste comme un orgue de Barbarie, toute son âme lénitive et un peu hypocondriaque, et le *Vase brisé* a incarné et incarne encore les aspirations des cœurs irrémédiablement mais bourgeoisement dolents.

Ce n'est cependant pas là que M. Sully-Prudhomme se plaît à placer sa gloire, il n'envie pas Arvers, et c'est le titre de Lucrèce Gaulois qu'il ambitionne, si cet excellent homme a des ambitions. Il a composé des poèmes philosophico-didactiques, dans lesquels il a remplacé les figures de la rhétorique par celles moins plaisantes de la géométrie. Dans ces poèmes, il a célébré la justice, le bonheur, la métaphysique, la chimie et la géologie même ; il n'a pas mis en vers le carré de l'hypoténuse, car cela était déjà fait, mais il a résolu de terribles problèmes de prosodie, tout en déplorant l'indifférence du monde qui se refuse aux étreintes des poètes :

Comme un cercle adjuré d'être quadrilatère.

Son erreur fut de croire que ce didactisme effrayant et redoutable avait quelque rapport avec la poésie, et, s'il a été bon physicien et parfait chimiste, il s'est montré là détestable poète. Toutefois, si M. Sully-Prudhomme s'est ainsi abusé, il l'a fait loyalement ; il est sans doute un écrivain sans élégance, un versificateur sans éclat et sans passion, mais il est aussi un des plus sincères et des plus estimables esprits de ce temps, auquel il n'appartient guère.

Voyant et pensant de la sorte, ce disciple de Ronsard, ou de Jean-Baptiste Rousseau, eût pu être un excellent polytechnicien, un ingénieur distingué, un remarquable professeur d'analyse. Il ne l'a pas jugé bon, et il a préféré nous priver d'un mathématicien sans nous doter d'un grand poète.

HENRI DE RÉGNIER

M. Henri de Régnier est un écrivain élégant, un prosateur sûr de lui-même, un lyrique plein de somptuosité à la fois et de discrétion. Il connaît et emploie à merveille les secrets de la rythmique et de la métrique classique; mais il sait aussi pratiquer le vers libre et la polyphonie prosodique, bien qu'il y montre moins de maîtrise et de puissance qu'à manier l'alexandrin.

Si quelqu'un, parmi les poètes de trente ans, a droit au titre de symboliste, c'est certainement l'auteur des *Poèmes anciens et romanesques* et de *Tel qu'en Songe*, car, si l'on a pu dire que tout poète était symboliste, on peut admettre qu'il y a des degrés, degrés que pourrait nous fournir la comparaison sagace des *Nuits* et de la *Maison du Berger*, et il sera permis de trouver plus spécialement le symbolisme dans l'art de se servir d'images analogiques et d'exprimer des idées abstraites par des mythes, sinon par des allégories.

C'est ainsi qu'a procédé M. Henri de Régnier. Son œuvre est d'une beauté mystérieuse et précieuse. Elle procède, en les conciliant, des romantiques de 1830 et des analystes affétés du xviii° siècle. Elle évoque des visions lointaines et significatives ; elle suscite des pays vêtus de brumes, estompés de pâles vapeurs, dont les habitants sont épris de soleils inconnus ; elle montre des paysages pompeusement moroses, des cités merveilleuses, parmi lesquelles errent des êtres fantomatiques : cavaliers, pèlerins, vierges et guerriers, que tourmentent parfois des cas de conscience.

Tous ces personnages répercutent ou représentent les sentiments de celui qui les rêva. Ils ont l'air de vivre en des contrées que les destins ensevelirent sous les eaux. On les aperçoit au travers des ondes opaques, la pâleur des ondes ternit leur face, l'épaisseur du miroir liquide assourdit leur voix, le sable deviné éteint le bruit de leurs pas, et c'est l'éclat de leurs vêtements, la splendeur des armures et des pierreries, dont le poète les revêt, qui précise leur réalité.

M. de Régnier se plaît, d'ailleurs, au faste des mots ; il s'y plaît trop même, et donne souvent à ses vers l'aspect de petites idoles orientales chargées de joyaux, vêtues de lourdes étoffes lamées d'or et d'argent. Mais, malgré la recherche des épithètes métalliques, malgré l'abus des gemmes, malgré ce hiératisme un peu guindé, il se dégage des légendes de M. de Régnier une touchante et indicible mélancolie, car l'âme de ses héros est dolente ; on les aime à cause des douleurs qu'ils décèlent, à cause de leur morne et élégante tristesse, et on aime aussi celui qui les rêva, le poète qui a réalisé une magnifique et douloureuse vision de la terre éternelle du rêve, du pays des songes nostalgiques et attirants.

EDMOND HARAUCOURT

M. Edmond Haraucourt fut célèbre il y a quelques dix ans au Quartier Latin; il avait séduit la « jeunesse des écoles » par un recueil de vers libertins qu'il vendait lui-même sous le manteau, et il connut la gloire, gloire spéciale, un peu douteuse, analogue au renom de certains photographes, mais suffisamment explicable.

Pourquoi des hommes mûrs célébrèrent-ils, avec autant d'enthousiasme que les éphèbes, le talent de celui qui écrivit d'une plume également agile *La Légende des Sexes*, l'*Ame nue* et *Seul;* comment se méprirent-ils à ce point ? Parce que M. Haraucourt est un poète illusionniste et un versificateur éloquent. Il fait des discours rimés. On trouve dans ses poèmes cet enchaînement de redondantes périodes, ce ronflement et cette boursouflure qui savent, par surprise, captiver des auditeurs, même subtils : M. Haraucourt possède le don de la mélopée oratoire ; il emploie les meilleurs et les plus classiques procédés du *conciones* et il abuse ceux qui l'écoutent, comme font tous les sophistes et tous les orateurs.

C'est ainsi que M. Haraucourt a facilement atteint la renommée, sinon la gloire. On ne peut constater chez lui une condamnable recherche, ni lui reprocher de se complaire aux complexes sentiments, ni l'accuser de quérir des idées spéciales et à peu près nouvelles. Non, car il a toujours vécu sur les rengaines les plus effondrées, sur les banalités les plus recuites : ses symboles sont naïfs, sa psychologie enfantine, ses pensers modestes, et sa syntaxe plus boiteuse que paradoxale. Il a parfois poussé la simplicité jusqu'au néant.

Il est le type du rhétoricien, et du rhétoricien il a tous les défauts : l'amour du lieu commun et le goût de l'emphase. Qu'il évoque Jésus, qu'il dérange les héros de Shakespeare, ou qu'il prenne ses personnages dans son propre fonds, il emploie à les peindre les comparaisons, les prosopopées et les métaphores les moins neuves ; il saisit même ses adjectifs au petit bonheur et choisit au hasard ses images.

Ce ne sont pas là, semble-t-il, des titres bien recommandables à l'estime publique, et cependant M. Haraucourt la détient ; il ne la détient même que pour cela : parce qu'il pratique le cri poétique, la poésie exclamative, incohérente, cacophonique et borborygmale. Il provoque l'attention, souvent la stupeur, et parfois l'effroi ; mais, soit au jardin d'Eden, soit au Golgotha, à Venise ou bien à Paris, il représente toujours assez bien un enfant de chœur qui mettrait ses doigts dans les burettes et se barbouillerait le visage sans discernement.

PAUL ADAM

Il siérait peu de se représenter M. Paul Adam d'après le modèle que dessinèrent jadis, au temps du symbolisme, quelques-uns de nos plus joyeux chroniqueurs. Il ne mérita en rien de défrayer la morne et facile verve des chevaliers du boulevard ; il ne coula pas ses jours dans les brasseries légendaires où fumait l'encens des mutuelles louanges, et il ne fit pas partie de cette hyperbolique garde de cent archers, que le facétieux Anatole France attribua, autrefois, à Jean Moréas.

M. Paul Adam est un solitaire, un de ceux qui vivent dans l'œuvre rêvée, moins soucieux du monde que de leur art, et c'est sur plus de dix livres qu'on le doit juger aujourd'hui, dix livres qui nous révèlent une des personnalités les plus complexes, les plus curieuses et les plus nobles de sa génération.

C'est même cette complexité, cette variété, cette diversité d'esprit, qui rendent la physionomie de Paul Adam plus difficile à saisir.

Il le faudrait regarder sous dix côtés différents : comme mystique et comme psychologue, comme évocateur et comme analyste, comme critique et comme philosophe, comme lyrique et comme ironiste, comme polémiste et comme sociologue. La tâche est ardue, parce que M. Paul Adam s'est montré partout artiste et penseur original.

Par mille petits traits il le faudrait peindre, par des touches tour à tour précises et vagues, par des tons clairs et de brumeuses indications, car cet écrivain divers, multiforme, souple et vigoureux à la fois, échappe à la ligne qui enserre et qui limite.

Cependant, on peut dire qu'il apparaît surtout comme un métaphysicien idéaliste et comme un impitoyable et nerveux satiriste. Ce sont là les deux caractéristiques, les deux pôles de son talent. C'est parce qu'il a cherché des essences lointaines et des êtres de songe, au-delà de ce décor des choses, qu'il a peint en clairvoyant dédaigneux, c'est pour cela qu'il a fustigé, de quelles rudes verges! les ridicules, les vices et les hontes de son temps.

Aussi, déconcerte-t-il ceux qui aiment les classifications nettes et faciles, les entomologistes de la critique et les maîtres d'école de la littérature, mais, soit qu'il applique son esprit aux questions vitales de la sociologie, de la métaphysique ou de la morale, soit qu'il se plonge dans le rêve et dans les psychiques visions qu'il sait susciter, il charme, il séduit, et si parfois il provoque quelques colères et quelques haines, il ne recueille jamais l'indifférence.

LUDOVIC HALÉVY

M. Ludovic Halévy a été l'homme le plus adroit de son temps, ce temps qui est bien passé, et, désormais inactif, retiré des affaires, il demeure le modèle des auteurs complaisants, le parangon des vaudevillistes à succès.

Il posséda, et sans doute le porta-t-il en naissant, le sens du public, sens précieux, pratique et productif. Il fut un de ces heureux que le souci de l'art tourmente moins que le désir de plaire, et, s'il courut après la gloire, ce fut après cette gloire spéciale qui est aussi un profit. Il n'a jamais cherché à imposer ses goûts à la foule, mais il a, au contraire, prévenu constamment ses besoins. C'est un psychologue positif qui eut un certain génie d'auscultation et fut apte à l'utiliser. Comme il savait habilement interroger le troupeau qu'il avait résolu de paître, il en connaissait les appétits et il pouvait à coup sûr déterminer la nourriture qui agréait à ses ouailles. Il ne s'en priva point.

Il fut quelque chose comme un cuisinier réfléchi et bien pensant, et tous ceux qui s'assirent aux diverses tables qu'il servit n'y goûtèrent jamais que les mets qui convenaient à leurs estomacs.

Lorsqu'il devint de bon ton d'être irrespectueux, sous l'Empire, M. Halévy, qui avait appris les belles manières dans les ministères, mena les dieux de l'Hellas au bal public. Il caressa d'une main légère la barbe de Jupiter, tutoya Vénus et tenta de consoler Vulcain. Il fit descendre les héros de leur piédestal, fit fraterniser Achille avec la Grande-Duchesse, Hélène avec le général Boum et il déshonora l'Olympe pour égayer le boulevard.

Mais quand, après la fête finie, on rentra les quinquets qui illuminaient Mlle Schneider, la muse de M. Halévy devint plus sévère. Il apparut comme un modeste historiographe de l'Invasion, célébra d'un ton ému la gloire militaire, pleura avec décence l'héroïque malheur des vaincus, et, quand les douleurs furent un peu calmées, il revint entouré de la famille Cardinal et du bon abbé Constantin, car il s'était préparé à être moraliste et patriote en méditant les opérettes qu'il avait faites pour Offenbach.

Quelle corde, d'ailleurs, n'a-t-il pas touchée et de quelle lyre! d'un geste toujours habile, distingué sinon noble, élégant sinon beau, ce geste qui le fit chérir plutôt qu'admirer, et qui semble désormais le geste d'un vieil acteur démodé, attendant, pour s'endormir tout à fait, d'être secrétaire perpétuel de l'Académie française, quand le bon M. Doucet voudra lui céder la place.

OCTAVE MIRBEAU

Romancier, critique d'art ou de mœurs, chroniqueur et essayiste, esthéticien et conteur, M. Octave Mirbeau est, toujours et avant tout, un révolté. J'imagine même qu'il n'a pas acquis ces sentiments de révolte ; sans doute, les développa-t-il au spectacle des ignominies avilissantes, de l'injustice et de la cruauté des hommes et des lois, mais il est né ainsi et, en venant au monde, il porta l'instinct de se rebeller contre lui.

Il n'a jamais dû accepter avec facilité les idéologies professorales, ces idéologies que des pédagogues respectables et bornés versent, à la façon du philanthrope de Dickens, dans les jeunes cervelles qui leur sont livrées. Il n'a pas reçu avec plus de complaisance les formules courantes que l'on cède à bon compte aux adolescents dociles, pour leur permettre de jouir exclusivement des avantages que savent conférer ceux qui gouvernent, et on ne peut le ranger parmi les soutiens de la société.

Je crains bien que jamais on ne donne en prix dans les écoles le *Calvaire* ou bien *Sébastien Roch*, car ce sont des œuvres fort dangereuses et susceptibles de détourner les bonnes âmes du droit chemin. Un meilleur sort leur est réservé. Si elles ne sont pas apostillées par les bienveillances officielles, si nulle académie ne les couronne, si nul grand maître universitaire ne les recommande, on n'en viendra pas moins à elles, et elles auront cette inestimable récompense d'être des éducatrices et des initiatrices.

Aussi M. Octave Mirbeau sera-t-il sévèrement jugé par les moralistes des instituts. Ils lui reprocheront son ironie douloureuse, ses sarcasmes terribles, l'impétuosité de son irrespect, la violence de ses attaques contre les idées conventionnelles, la férocité de son mépris pour certains hommes, pour certaines classes et pour certaines institutions.

Peut-être même la puissance de l'écrivain, son don des images saisissantes et justes, la fermeté robuste de son style, l'éclat de son imagination, l'âpreté de son ironie ne seront pas pour les critiques dont je parle des circonstances atténuantes. Ils tiendront M. Mirbeau pour plus redoutable, au contraire, et ils accentueront davantage leur réprobation.

Ils n'auront pas tort, certes, car ce sont toutes ces qualités du romancier, du critique et de l'artiste qui amènent à M. Mirbeau les âmes qui s'émancipent et les esprits qui regimbent, c'est là la raison de son influence d'aujourd'hui et le secret de sa force de demain. C'est pour cela qu'Octave Mirbeau est chéri de tous les indépendants, de tous les novateurs, de tous ceux qui pensent qu'il est peut-être temps de se désintéresser de la question de l'adultère, de la psychologie des femmes du monde, du culte de ses passions et du souci de soi-même.

ROBERT DE BONNIÈRES

Il est des hommes qui gardent le goût du passé et l'amour des choses mortes ; il en est d'autres qui en conservent l'esprit. Les premiers évoquent les temps abolis, ils les font revivre et les restaurent ; les seconds les expriment et en conservent le sens. M. de Bonnières est de ceux-là. Il ne se plaît pas à imaginer le xvii siècle ; mais sa langue et son tour d'idées nous y ramènent. C'est un homme qui aurait écouté avec profit Tallemant des Réaux ; il lui eût donné la réplique avec agrément, et aurait facilement marié ses discours aux siens. Plus tard, il aurait été le compagnon de route de Bachaumont et de Chapelle, mais il les eût conduits aux Indes, et a sans doute regretté de n'y point aller avec eux.

On parle souvent d'un certain esprit français qui serait net, un peu sec, élégant et correct, spirituel et d'une certaine étroitesse, esprit charmant, d'une belle ligne, apparié parfaitement aux jardins que dessina Lenôtre, d'une rectitude et d'une raideur même qui n'est pas sans grâce. M. de Bonnières est assurément dans la tradition de cet esprit et il fait tout pour s'y maintenir.

Sa critique est malicieuse, méchante souvent, mais mesurée ; elle tient au goût plus qu'à la force; en la pratiquant, M. de Bonnières a eu le souci de l'anecdote vivante plutôt que celui des idéologies abstraites. Il n'a pas l'amour de la métaphysique, il la trouve trop brumeuse et trop lointaine; il a même de l'éloignement pour les idées générales. Aussi, il a peint les hommes dont il parlait et il s'est ingénié à restituer leurs sentiments par leurs gestes, par les actes de leur vie et non par des raisonnements.

Cette préoccupation l'a poursuivi dans ses romans; ils y ont gagné de la précision et de la sécheresse, mais ils n'y ont pas acquis de profondeur; ce sont des dessins au trait, mais ils sont privés d'atmosphère. Il en est de même pour ses vers : ils sont classiques et clairs, ils coulent de la source où s'abreuvèrent Boileau, Voltaire et Béranger ; mais cette source n'a jamais été l'Hippocrène.

C'est que M. de Bonnières n'est pas un lyrique ni un imaginatif : c'est un conteur délicat, un essayiste discret, et surtout un bon écrivain. L'éloge n'est point commun.

TEODOR DE WYZEWA

M. Teodor de Wyzewa, qui fut un symboliste et qui est demeuré un esthète est maintenant un tolstoïsant, mais un tolstoïsant à la fois inquiet et sceptique, paraissant ne croire qu'à demi aux conseils qu'il donne et que, tout le premier, il aimerait à suivre.

Dans de petites brochures de propagande qu'illustrait un Jésus édulcoré, il est parti en guerre contre l'égoïsme intellectuel, sentimental ou artistique, qui sévit encore parmi les byzantins de la littérature ; il a eu des paroles acerbement élégantes contre les défenseurs de l'art pour l'art et de la divinité du versificateur, contre les prêtres de l'artiste idole, maître et roi.

Mais, dans l'ardeur de sa croisade, M. de Wyzewa est allé trop loin. S'il est bon de lutter contre les Valbert qui se complaisent uniquement au jeu de leurs facultés, abusant d'eux-mêmes et des autres, il est excessif d'en rendre responsables la science et le savoir, de dénoncer la malignité de l'esprit et le danger de l'intelligence.

C'est, cependant, ce qu'a fait M. de Wyzewa dans ses livrets ingénieux et évangéliques, non pas l'évangélisme lourd, compassé et maladroit d'un Desjardins, certes, mais un évangélisme gracieux, efféminé, évangélisme de chrétien hellène qui aurait maudit

Platon sans l'avoir oublié. Ces paraboles menues proclamaient les béatitudes de l'ignorance, elles vantaient la candeur des lys des champs, et M. de Wyzewa, avec une ingénuité sincère, y confondait les savants avec les pédagogues, les chercheurs et les cuistres, Faust avec son famulus.

L'explication de cette attitude, de cette animosité contre la Sophia éternelle, est que, sans doute, M. de Wyzewa a souffert de l'intellectualisme égoïste. Critique délicat et sensitif, écrivain gracieux et paradoxal, il n'a voulu abandonner les Sorbonnes que pour aller à l'extrême, vers « *l'imbécile qui a le cœur pur* » dont parle Parsifal. Il reviendra un jour là-dessus, car il est d'intelligence trop compréhensive, trop fine et trop subtile, pour pouvoir goûter le bonheur du sot. Ce jour-là, le chevalier Valbert ressuscité reconnaîtra que, si jadis il méprisait la science et l'art, s'il les considérait comme divinités malfaisantes, c'est parce qu'il souffrait de posséder l'esprit qui goûte et explique et non celui qui crée.

PIERRE LOTI

Si la caractéristique essentielle de l'élégiaque consiste à parler toujours de lui-même, et à ne voir dans l'univers que son propre et unique moi, M. Pierre Loti est certainement un des plus parfaits élégiaques, non seulement de ce temps, mais encore de ce siècle. Constamment il s'est mis en scène avec la plus extrême complaisance, et il est le seul et perpétuel héros de ses livres, qu'il se déguise en spahi, en pêcheur ou bien en matelot.

On pourrait faire, il est vrai, cette observation en parlant des romanciers psychologues qui fleurirent de 1820 à 1840, mais Benjamin Constant ou Senancourt, pour ne parler que de ceux-là, se plurent à nous décrire leurs passions ; ils nous introduisirent dans le plus secret d'eux-mêmes et pour nous ils raffinèrent leurs pensées et leurs sentiments, qui furent les sentiments et les pensées d'Obermann et d'Adolphe.

M. Loti, qui n'est pas un psychologue, du moins au sens qu'on attribue communément à ce mot, s'est contenté de nous offrir ses sensations de voluptueux ingénu, et de nous peindre ses impressions de naturaliste candide.

C'est un romancier décorateur, un imagier original, un coloriste peu complexe. Il ne s'est pas embarrassé dans son œuvre d'idéologies profondes, et je ne crois pas que le jeu des idées, ou même leur développement, l'aient jamais séduit, car c'est un homme ignorant des métaphysiques et de bien d'autres choses encore. Il ne s'est pas préoccupé de chercher pour ses livres des affabulations compliquées, ni des aventures extraordinaires. Il n'a jamais su qu'une histoire, l'histoire simple et banale des amants qui se rencontrent, s'attirent, s'aiment, rient, souffrent et se quittent : l'histoire des amants d'épiderme.

Il nous l'a souvent dite. Pour la rajeunir, la restaurer, il s'est borné à changer la condition sociale de ses amoureux et à promener leurs couples par des pays divers, sous des cieux variés, dans des paysages changeants, à travers des mers orientales ou polaires, parmi des oasis pleines de soleil, ou des îles septentrionales que cachent les brumes : à Taïti et au Sénégal, au Japon et en Islande, à Constantinople et au Caire.

C'est cela qui nous plaît dans ses livres. Nous y voyons une sorte de kaléidoscope coloré et vivant, dans lequel des sites se déroulent, pleins de charmes étranges et d'alliciantes séductions, fixés sur des feuilles légères par un artiste qui a su garder un œil frais d'adolescent. Cette naïveté est une des vertus de M. Loti, et cette vertu apparaît non seulement dans ses romans, mais encore dans sa vie ; il a des goûts d'enfant pour le déguisement et la parure, des goûts de sauvage même, qui aimerait à se passer des plumes dans le nez et à faire cliqueter des amulettes sur sa poitrine ; mais on oublie les travers de M. Loti en lisant ses livres mélancoliques et gracieux, on oublie même qu'il a lu Chateaubriand, quoiqu'il s'en défende.

MARCEL SCHWOB

Dire que M. Marcel Schwob est un esprit encyclopédique ne serait pas suffisant, car il est des encyclopédistes qui meublent au hasard leur cervelle. Il faut ajouter que M. Schwob est un philosophe, c'est-à-dire qu'il sait ordonner ses connaissances et en tirer profit. C'est un littérateur bénédictin, un homme fureteur et passionné, qui se plaît dans la poussière des archives, non pour cataloguer des manuscrits, ni pour les analyser même, mais pour en tirer des êtres vivants.

Il s'est épris autrefois des étranges malfaiteurs du moyen âge, des coquillards mystérieux, des redoutables mauvais garçons, de tout ce peuple souterrain qui composait « les classes dangereuses », aux mœurs singulières, aux coutumes peu connues, à la langue attachante. Il s'est enquis de leurs descendants contemporains, et, dans des contes curieux, fantastiques ou symboliques, il les a fait renaître.

Aujourd'hui, la littérature anglaise le captive, et il montre autant d'ardeur à être critique et traducteur qu'à être l'évocateur du passé. Il a le goût du rare, de l'inédit, celui aussi de l'inconnu et du mystère. Il s'est appliqué souvent à nous présenter des monstres, monstres physiques ou moraux, et non pour le vain désir d'en faire une exhibition qui surprenne. M. Marcel Schwob aime ces exceptionnels, qu'il sait représenter si bien, il a pour eux non seulement de l'affection, mais encore une profonde, intense et lénitive pitié. Ce n'est pas uniquement de l'intérêt qu'éveillent en lui les cervelles ténébreuses, il a pour elles une sympathie tendre et parfois ingénieuse, car c'est dans les manifestations de ces êtres tombés ou mal nés, de ces atrophiés ou de ces régressifs, qu'il cherche le secret des belles et nobles existences, le sens et le mot de la vie.

M. Schwob chérit cependant le mal et même la perversité, non qu'il y mette de la complaisance, ni qu'il se réjouisse au spectacle qu'ils offrent; il cherche à en pénétrer les causes, et à montrer combien sont naïves et inconscientes les pauvres âmes malignes et perverses. Il en a dit souvent le poème attendri et pitoyable, dans une langue solide, un peu lourde quelquefois et trop chargée, mais nette cependant et séduisante, capable d'indiquer de délicats symboles et d'exprimer sans sécheresse d'abstraites conceptions.

Mais M. Marcel Schwob est surtout un esprit inquiet; son cœur n'est pas double, mais multiple, et il ne sait pas toujours lequel de ses cœurs est son vrai cœur. Il va du scepticisme au mysticisme vague et fumeux de *Monelle;* il s'éprend de la science et puis la frappe comme une maîtresse trop aimée; il prétend un jour trouver la paix dans les sentiments durables et violents, d'autres fois il ne reconnaît comme aimable et bon que le moment qui passe et la sensation qui fuit, et ces contradictions indiquent moins la versatilité que le trouble de l'âme du métaphysicien poète qu'est M. Marcel Schwob.

CAMILLE LEMONNIER

A l'en croire, M. Camille Lemonnier représente parmi nous les lettres belges ; il met du moins tous ses efforts à nous en persuader. Il ne parvient pas cependant à nous faire oublier Georges Eekhoud, Émile Verhæren, Maurice Maeterlinck, d'autres encore, et je ne parle pas de Georges Rodenbach, qui depuis longtemps est Parisien.

Quant aux lettres françaises, M. Lemonnier est entré chez elles comme on entre en pays conquis. Jadis, les barons pillards s'installaient dans les bois passagers et détroussaient les passants. M. Lemonnier, lui, ne s'est pas établi dans une île déserte, et consciencieusement il a détroussé les métaphores et les tropes, forcé les syntaxes, détourné les adjectifs : il a fabriqué je ne sais quelle fausse monnaie à l'effigie rugueuse, à la frappe malhabile.

Nul ne fut à l'abri de ses rapines, et il s'adressa à tous, aux riches comme Hugo, aux pauvres comme Droz, selon les besoins du moment et le goût du jour. Il donnait les *Charniers* quand le lecteur réclamait du Hugo, comme, en d'autres temps, il fournissait les admirateurs de *Monsieur, Madame et Bébé*. Lorsque les pacants quercynois de Cladel réjouirent beaucoup d'entre nous, nous vîmes arriver le *Mâle*. Quand

Zola fut dominateur, nous eûmes le *Mort* et l'*Hystérique*, qui nous reportaient à *Thérèse Raquin* et à la *Conquête de Plassans*, peut-être aussi aux premières œuvres de Céard et de Hennique. Puis, la poussée du naturalisme se calma ; ceux qui avaient été les plus vaillants à le défendre se réfugièrent dans la recherche des psychologies spéciales, s'enquirent des vocables inusités, des formes subtilement aiguës du langage, et M. Lemonnier vint après eux.

Il cultiva Mallarmé, il s'ingénia à des néologismes gauches, à des prosopopées grimaçantes ; péniblement il voulut équarrir son style lourd qui donnait l'impression d'une épaisse bière, difficile à ingérer. Avec les débris de Goncourt, de Poictevin, il forma une turgide pâte de mots rebelles au gosier, un amas compact que nul ne pouvait mastiquer. Il traita la langue française comme un bœuf inexpérimenté, traînant une charrue défectueuse, traite le champ qu'il doit labourer.

Maintenant donc, il s'en tient à des Esseintes, et il représente, dans ce rôle, un forgeron tapant à tour de bras sur un délicat bijou et s'ingéniant à torturer des filigranes et de tendres pâtes de verre ; sans discernement, sans tact, il manie les précieuses images, les ingénieuses comparaisons. Il entasse l'or des adjectifs rares, la pourpre des verbes étranges, et de tout cela il fait une mosaïque sans vie, sans délicatesse et sans charme, encombrée de pâteuses arabesques ; une mosaïque qu'aurait voulu faire un paveur.

On dit, avec cela, couramment, que M. Lemonnier est un fort habile écrivain, fâcheusement habile, murmurent même quelques-uns. Il est possible que l'habileté de M. Lemonnier soit déplorable, mais il faut cependant reconnaître que, s'il lui a toujours fallu des modèles, il a su parfois heureusement les choisir. N'est-ce pas déjà beaucoup ?

GEORGES EEKHOUD

S'il était encore besoin de démontrer que la littérature belge n'est pas uniquement représentée par les productions des quelques imitateurs sans génie qui se targuent d'en être les hérauts, l'œuvre de M. Georges Eekhoud y suffirait, soit que l'on prenne les *Kermesses* et les *Nouvelles Kermesses*, soit que l'on préfère *Cycle patibulaire* ou bien la *Nouvelle Carthage*.

M. Georges Eekhoud est bien sorti de la puissante terre de Flandre; il est bien des descendants de ces merveilleux peintres qui surent en exprimer la vie débordante, l'énorme joie comme la troublante mélancolie, cette mélancolie qu'exhalent les pâturages si gras qu'ils semblent faits d'une boue verte, et l'humide atmosphère dont s'enveloppent les collines semées de bruyères et de genêts. Ce que rendit si bellement le pinceau des ancêtres, M. Eekhoud nous l'a su restituer d'une plume vigoureuse.

L'écrivain qu'il est ne peut être rapproché d'aucun des nôtres ; à quelques-uns mêmes, héritiers de l'*esprit latin*, il apparaîtra comme un barbare. Il ne l'est pas cependant, mais sa prose a pris sa moelle à la langue des aïeux flamands ; à cela elle a gagné en solidité et en coloris, mais elle a perdu en subtilité et en finesse.

On trouverait dans sa phrase à la pulpe charnue, maintes fautes de goût et quelquefois de syntaxe ; ce n'est pas la phrase d'un ciseleur de mots, c'est celle d'un imaginatif ardent, qui procède par impulsion et remplace la belle ordonnance logique par la fougue verbale. Le seul écrivain de France, avec qui M. Eekhoud aurait des affinités, sans lui rien devoir toutefois, c'est le rude Léon Cladel.

C'est un talent puissant, mais farouche et mystique aussi. Dans ses romans et dans ses contes, il n'a pas seulement peint d'âpres bourgeois et des âmes mercantiles, il n'a pas uniquement évoqué les bonnes filles de la Campine, qui pratiquent les saines amours à la façon des bêtes des champs et savent pleinement goûter les joies charnelles, ou bien les amantes exaltées, capables de s'enflammer pour l'inconnu et prêtes, complices fatales des légendes entendues, à sacrifier les satisfactions positives pour l'idéal apparu.

Mais au-dessus des agioteurs de Carthage, au-dessus des amoureuses passionnées, M. Georges Eekhoud a placé le réfractaire. C'est vers l'outlaw, et vers l'humble misérable que vont toutes les tendresses d'Eekhoud. Il a su, dans ses nouvelles, exprimer son amour pour le révolté, sa pitié pour le hère et le pauvre, et il a su dire les colères des âmes simples et rebelles contre la société hypocrite qui torture sans remords, et tue ceux qu'elle devrait protéger.

Aussi, il s'est complu dans l'apologie du vagabond, du vagabond qui triomphe, insultant les codes, riant des conventions et des morales, et il est un de ceux qui répandent et inculquent le dédain de la loi et la haine des autorités.

Il est des jeunes gens qui cherchent la formule d'un art social, d'un art qui serait non seulement imaginatif et évocateur, mais encore propagateur d'idée, d'un art visionnaire et éthique. M. Georges Eekhoud a fait un pas vers cet art.

MARCEL PRÉVOST

Par son âge, M. Marcel Prévost est sans doute considéré comme un écrivain de demain ; mais, si l'on veut regarder ce qu'il représente, la qualité de son esprit ou la nature de ses préoccupations, on verra qu'il est plutôt un romancier d'avant-hier.

Il a un jour inventé, à grand fracas, le roman romanesque dont Mme Sand, par l'entremise sans doute de MM. Rabusson, de Tinseau et Georges Ohnet, lui a transmis le secret éventé. Il a cru cependant rénover ce genre, malgré sa vétusté, tout en le relevant de gaillardise et en le pimentant de quelque obscénité, pour l'édification des femmes de la petite bourgeoisie que les psychologues, vraiment trop intellectuels, avaient lassées. Aussi, M. Prévost a-t-il ardemment combattu la psychologie exclusive; il n'a pas voulu s'en servir. Pour en mieux témoigner, il a pris même leurs œuvres aux abstracteurs de quintessence, et il a tiré du *Dominique* de Fromentin un roman d'où la psychologie n'était pas seule absente.

Car Mme Sand n'a pas légué à M. Marcel Prévost son encrier ni sa plume, et cet oubli est très fâcheux pour l'auteur applaudi des *Demi-Vierges*, qui, s'il est incontestablement un romancier à succès, n'est ni un styliste, ni, hélas! un écrivain.

L'art le préoccupe assez peu, semble-t-il.
Il écrit ses livres dans une langue fluide,
maussade et amorphe; on peut même dire
qu'il ne les écrit pas. Sa rhétorique et sa
syntaxe sont fort ordinaires, et ce ne sont
ni les expressions hasardeuses, ni les
locutions de mauvais goût, ni même les
fautes de français qui manquent dans la
Confession d'un amant ou dans les *Lettres
de femmes* : il y manque vraiment bien
autre chose.

Je sais, et on me le dira assurément,
que, pour triompher, pour arriver au succès, sinon à la gloire, il n'est pas nécessaire de trouver du nouveau. Au contraire,
pourrait-on affirmer, car la foule n'aime
pas à être chassée du lit douillet des idées
toutes faites. Une belle idée, inviolée et

superbe, effraye le bourgeois qui est accoutumé aux bonnes idées raccrocheuses, celles qu'on peut avoir à bon compte, dont on connaît le vocabulaire, qui n'ont pas de secrets ni de mystères. Aussi, nul triomphe n'est-il plus explicable, et on peut ajouter, sans paradoxe, plus légitime, que celui de M. Marcel Prévost, car les idées qu'il présente ne sont même pas vierges à demi ; il en a hérité de quelque parent de province, qui les tenait sans doute de son bisaïeul. Il a bien gagné ainsi sa situation de romancier aimé des femmes. Il a su leur conter des histoires qui déjà réjouissaient leurs grand'mères, de vieilles histoires qui autrefois étaient insipides, mais que M. Prévost a saupoudrées d'un piment émoustilleur, car aujourd'hui les femmes de notaire même demandent des plats épicés et des sauces ardentes. M. Prévost s'est multiplié pour elles, il a un peu changé les décors de ces anciens contes, dans lesquels il y a toujours quelque adultère ; il a commandé des meubles chez un marchand du faubourg Antoine, qui a boutique sur les grands boulevards et représente le luxe et la richesse ; il a tout fait, enfin, pour mériter d'être le fournisseur attitré des grandes dames du Sentier et des petites dames du quartier de l'Europe, et il a toujours fait honneur à sa signature.

Là où il me paraît se tromper, c'est quand il prétend être aimé de ceux qui demandent à un écrivain d'être un penseur et un artiste. On ne peut pas tout avoir, et M. Prévost a tort de ne pas se contenter de ce qu'il a, c'est-à-dire de ce qu'il a cherché. Ses prétentions de moraliste, plus récentes, sont aussi excessives, et, s'il a conquis le poste de directeur de conscience des abonnées du *Temps*, il ne faudrait pas qu'il attribue à ce jeu de société une haute influence sur la philosophie ou sur l'esthétique de son époque. Mais M. Marcel Prévost a de l'ambition : on ne peut être parfait.

LAURENT TAILHADE

« Il est le dernier des Parnassiens, » a dit de M. Tailhade quelqu'un qui n'était peut-être pas de ses amis. Cela est possible, bien qu'on ne puisse accuser M. Tailhade d'impassibilité, mais en tous cas il finit bien, mieux même que certains écrivains rattachés à ce groupe n'ont commencé. Ses vers ont l'orgueilleuse pompe des plus précieux émaux, et le poète ressemble à un prêtre, un peu blasphémateur, vêtu d'orfrois, rutilant de pierreries sacerdotales, un prêtre belliqueux toutefois et qui quitterait parfois le calice pour l'arc du sagittaire.

Parmi la foule de ceux qui cherchent anxieusement une forme poétique, sinon nouvelle, du moins plus propre à exprimer leurs sentiments et leurs impressions, M. Laurent Tailhade se montre scrupuleusement fidèle à la prosodie ancienne et à la métrique traditionnelle. Il ne se distingue des poètes, que déjà l'on veut dénommer les classiques, que par la précieuse recherche des vocables, substantifs rares et adjectifs inusités. Mais, comme il connaît sa langue, mieux que n'importe quel artiste de sa génération; comme il a le sens, si heureux et si peu répandu, hélas ! de l'exacte propriété des termes, le mot qui choquerait employé par un ouvrier malhabile, paraît chez lui impérieusement nécessité et tel que nul autre ne le pourrait avantageusement remplacer.

Cependant, il est trop maître de son art, pour ne pas connaître tout le parti qu'on peut tirer des épithètes simples, courantes même, et, ainsi qu'il sait parler de « l'aube irrorée » et des « fleurs de portor », il sait dire :

Le sacrilège nuit par qui meurent les roses,

et aussi la splendeur des corolles qui marient

A l'azur des bleuets l'or des hémérocalles.

On a dit que M. Tailhade était un poète mystique. L'épithète n'est pas exactement choisie, et, si elle lui fut appliquée, c'est qu'on a désormais une tendance à qualifier de mystique, tout écrivain qui ne consacre pas exclusivement ses loisirs à l'étude des mœurs bourgeoises, des coutumes mondaines ou des habitudes de galanterie. On se préoccupe fort peu de la véritable signification du mot mystique, de même qu'on ne se rend pas bien compte de cet état spécial qu'on nomme mysticisme. Le mystique n'est-il pas l'être qui, en vertu de certains principes ontologiques ou théologiques, considère les choses non en elles-mêmes, mais plutôt dans leur rapport avec un point fixe qui sera Dieu ou l'absolu? Or, de cela M. Tailhade paraît fort peu se soucier. Il n'est qu'un poète catholique, et encore son catholicisme est-il restreint, car il consiste non à scruter les mystères et la métaphysique de la religion, mais bien à manifester sa pompe extérieure. Je crois que M. Tailhade n'aime les ascètes vêtus de bure que dans les verrières nous les montrant parés de couleurs jadis vives, et atténuées par la vapeur des encens et l'humidité des voûtes. Il adore l'éclat des ostensoirs, la senteur lourde des cierges, la somptuosité des reliquaires et des chapes ; et des moines « pâmés à l'ombre de la croix » il ne chérit guère que l'attitude.

Hanté par ce monde épiscopal, M. Tailhade a cherché en lui des comparaisons et des analogies pour toutes les formes qui se présentent à ses yeux. Aussi la pompe des roses ne peut être pour lui qu'extatique, et les pensées d'un jardin lui paraissent telles qu'un cortège d'évêques. Parfois, cependant, au milieu de l'ecclésiale gravité des images, se glissent des mièvreries et des préciosités qui font songer à un chevalier de l'*Euphuès*, peut-être de l'*Astrée*, qui aurait eu la fantaisie de se réfugier en un vieux monastère, un monastère proche du fleuve glauque et mélancolique qui porta Ophélie.

Ce mélange n'est cependant pas choquant, il attire plutôt, par la complexité qu'il fait deviner dans l'âme de ce poète qui, ayant écouté la rumeur de son temps, écrivit *Au Pays du Muffle*.

GILBERT-AUGUSTIN THIERRY

Les temps révolutionnaires sont aussi des temps mystiques, et le nôtre ne contredit pas cette loi. Il semble depuis quelques années qu'on veuille se rebeller contre toute autorité; on cherche à échapper aux liens, à renverser les barrières, toutes les barrières, non seulement celles des codes et des conventions sociales, mais aussi celles que la science a voulu placer devant l'inconnu. A côté des révoltés, on trouve les chercheurs de mystère : M. Gilbert-Augustin Thierry est parmi ces derniers.

C'est un romancier que l'occulte et l'étude des destinées de l'être ont toujours tenté. Il a témoigné de cette préoccupation dans d'étranges et curieux romans, dans des nouvelles et des contes troublants : ce sont le *Palimpseste*, ou la *Bien-Aimée*, ou encore le *Masque*. Dans ces récits, M. Gilbert-Augustin Thierry a mis en œuvre quelques-unes des idées palingénésiques des ésotéristes modernes. Comme il est cependant un érudit, un amoureux de la pensée platonicienne et alexandrine, il mêle à ces pensées un souci de la beauté que n'ont pas maints néo-bouddhistes et néo-mages.

Pour ce disciple de Plotin, élevé dans le christianisme de saint Clément d'Alexandrie, et initié par quelque sage de Benarès, l'enfer n'est pas après la vie, il est sur terre. Le fardeau de nos péchés — le karma — nous maintient sur ce globe, et nous ne pouvons échapper à cette géhenne que par l'expiation, par la vertu de l'incarnation seconde que demande l'être désireux de se rédimer. Les héros de M. Thierry se rédiment par le pardon, par le châtiment ou bien par le remords conscient.

Cette théorie de la rédemption, unie au système plotinien de l'émanation et du retour à la suprême source, M. Gilbert-Augustin Thierry nous la présente comme libératrice avec une sereine assurance, et, même si on ne partage pas ses certitudes, on ne peut qu'admirer la façon dont il nous les expose, car il a tout l'art qu'il faut pour nous persuader.

Ses contes et ses romans, en effet, ne procèdent pas d'un fantastique absurde ou incohérent, mais de principes à la fois éthiques et mystiques. Ils exposent l'histoire d'âmes en peine, que la vie coutumière préoccupe moins que le souci des futures destinées. Ils sont mystérieux, non pas par les événements qu'ils déroulent, mais par les idées qui les soutiennent et qui, une fois admises, rendent ces événements non seulement possibles, mais encore vraisemblables.

M. Gilbert-Augustin Thierry est d'ailleurs un peu comme les expiateurs qu'il nous a décrits ; comme eux il est prêt à laisser de côté la pure apparence des phénomènes, pour en chercher l'essence. Il a ainsi participé, et un des premiers, à cette réaction violente qui s'est produite, si intense, contre le naturalisme jadis triomphant, contre l'école de la sensation brutale et inutile, contre la prétendue peinture de mœurs dont l'inintérêt est désormais reconnu.

Cela a été le bon résultat du moderno-réalisme. Il a accru le dégoût pour le temps présent de tout être qui a voulu réfléchir et penser. A montrer à l'homme les boues et les pourritures d'une époque fertile en abjections, on a poussé quelques-uns, non des pires, à s'évader, à se délivrer, à quérir ailleurs leur idéal, à placer leur rêve plus loin ou plus haut. Ils ont cherché le bonheur, chacun selon leur nature. Les uns ont pensé trouver une solution à leurs inquiétudes dans la recherche du meilleur état social possible; les autres, négligeant la réalisation d'un possible bien terrestre, sont allés vers l'absolu dominateur et ont endormi leur trouble en scrutant l'au-delà et le lendemain de la mort. M. Gilbert-Augustin Thierry est de ceux-ci, et, s'il n'est point un révolté, il est, comme nous tous, un philosophe eudémoniste.

JULES BOIS

M. Jules Bois est un écrivain à multiples facettes. Il est poète, dramaturge, mystagogue et romancier. Il est surtout mage, du moins il le prétend; mais ce titre lui est contesté par plusieurs qui s'en parent. Le débat est fort épineux, et ce n'est pas moi, certes, qui le partagerai en mettant d'accord les disputeurs.

Si M. Bois n'est pas mage, il est du moins un mystique croyant, un kabbaliste plein de foi et un ardent initié. Il pratique surtout le mysticisme didactique, si je puis dire. Il tente de pénétrer dans les arcanes du *Zohar* ou bien du *Sepher Ieçirah*, et il veut guider les autres dans ces études spéciales. Qu'il ait saisi les obscurs symboles de ces livres, qu'il en ait deviné les leçons si bien cachées, ce n'est point ici le lieu de le juger, et il me suffit de dire qu'il s'y est essayé.

C'est un homme sincère, qui a des dogmes, un credo et peut-être aussi de la crédulité, ce qui n'est pas si blâmable en ce temps d'impuissant scepticisme. Ces dogmes, il s'efforce de nous les imposer par le théâtre, le roman, le poème ou la critique.

Je ne sais s'il y réussit. Il me paraît représenter un esprit qui est mort et qu'on essaie vainement de galvaniser pour en faire le conducteur des âmes de demain.

C'est, je crois, une autre lumière qui luira, et si c'est une intéressante fantaisie d'artiste de ressusciter Paracelse, Flamel, Agrippa et quelques autres, il est peut-être moins nécessaire d'accepter pour mentors et pour guides ces vieux chimistes.

C'est cependant à nous donner de tels maîtres que travaille M. Jules Bois, et il est vraiment un représentant bien typique de cette jeunesse contemporaine qui réagit, d'une façon si diverse et quelquefois si incohérente, contre le tout-puissant réalisme.

Entre ces jeunes gens qui tous ont méprisé l'heure présente et s'en sont allés chercher la lumière dans le passé, ceux-ci ont été séduits par le catholicisme esthétique, ceux-là par la philosophie et la mystagogie alexandrines, ces derniers par la thaumaturgie et la goëtie moyennageuses. Ils se laissent entraîner par le fantôme des idées mortes, au lieu de sourire aux jeunes et vivaces idées qui se lèvent dans un soleil nouveau. Ils ont tort, car l'autrefois est couché sous une lourde pierre et il entraîne dans la nuit ceux qui veulent soulever le bloc rude sous lequel il est scellé.

Je crains que M. Jules Bois ne soit parmi ces jeunes hommes. Il est un peu trop hanté par les alchimistes, par l'auteur de la *Clavicule de Salomon*, par les figures du Tarot, par Rabbi Jokaï et par le souvenir de quelques prêtres adonnés à la sorcellerie sacrilège. Ce sont là les flambeaux qu'il élève pour nous montrer la *Porte héroïque du Ciel*, ou pour nous dénoncer les dangers de la femme pécheresse, briseuse d'âme, tueuse d'intelligence ; l'*Éternelle Poupée*, qu'ont maudite les Pères et les Saints.

Mais ce sont de nobles soucis qui animent M. Jules Bois. Il a été saisi, lui aussi, par les ignominies et par les hontes que nous subissons ; il en a souffert, en sensitif et en moraliste, et je ne lui reprocherai que de n'avoir pas porté dans leur constatation une critique plus profonde et plus juste. Il semble dire que c'est l'oubli de Dieu qui a amené cette pourriture qui nous entoure ; ce serait plutôt l'oubli du divin, c'est-à-dire du beau et de la justice, et ce n'est pas un retour aux rites d'antan qui nous rendra cette compréhension perdue du divin : de l'ordre et de l'harmonie.

Pourquoi M. Jules Bois, qui est un observateur imaginatif, ne nous donnerait-il pas le roman de ce petit peuple mystique, absurde, naïf ou trop habile, dont il a fait défiler les types dans ses *Petites religions de Paris*, et qu'il connaît si bien.

Il y trouverait matière à moraliser, comme à éduquer, comme à peindre; ainsi satisferait-il ses tendances diverses.

LE VICOMTE DE GUERNE

Rêver de « représenter, dans une suite de poèmes, le long déroulement des siècles » ; vouloir évoquer, apparitions tragiques ou émouvantes, les héros morts dans le sac des villes abolies ou disparus avec les empires croulants, les dieux et les déesses évanouis, quand déchurent les religions surannées ; tenter de restituer les royaumes oubliés et les conquérants qui les soutinrent, essayer de rendre à la vie immortelle — celle que donne la poésie — ces mondes entrés dans la nuit, est la tentative d'un très noble et très haut esprit : telle a été l'ambition de M. de Guerne, telle elle est encore, car il n'a donné que les deux premiers volumes d'une œuvre qui est loin d'être terminée.

Dans ses poèmes des *Siècles morts*, M. de Guerne apparaît peu soucieux de certaines esthétiques contemporaines, qui affectent de ne considérer que les choses et les hommes nés avec elles. Les événements fugitifs de la vie semblent n'avoir pour lui aucun attrait. Il estime, sans doute, avec quelques-uns, que nous devons plutôt oublier les transitoires accidents coutumiers et saisir l'éternel partout où il se trouve. Quoi qu'en puissent penser les derniers soutiens du naturalisme, cette conception fort légitime est très défendable : M. de

Guerne, venant après d'illustres poètes, l'a bien montré.

C'est un poète qui a le don de l'épique, un poète historien ; non qu'il ait voulu mettre l'histoire en vers, car sa tentative alors ne serait pas plus justifiable que celle qui consiste à mettre la géométrie en alexandrins, mais il a pénétré dans le passé, imaginant, pour tous ses poèmes, « une action et un cadre où se développât poétiquement quelque tableau mythique, religieux ou historique » ; il s'est inquiété des milieux, des mœurs, des races, et des siècles morts il a fait des siècles vivants.

Faire défiler ainsi, devant les yeux du lecteur, la Chaldée et l'Égypte, la Palestine et la Perse, l'Orient grec et la Judée hellène et évangélique, ordonner, en une théorie hiératique et pompeuse, les Baalim de Babylone, les rois fastueux d'Assyrie, les Pharaons et les Osiris, les élus d'Iahvé et les enfants de Zarathustra, Alexandre et les Ptolémées, les hiérophantes d'Alexandrie et les pharisiens de Jérusalem, c'est une œuvre austère et qui risquait d'être monotone.

M. de Guerne a évité cet écueil dangereux, et il a su mettre de la variété dans ses poèmes. Il est cependant un fidèle de l'alexandrin; il l'affectionne avec raison, car il le manie en maître, et la critique qu'on pourrait lui faire serait celle de manquer de souplesse, bien qu'en employant des mètres plus courts il sache acquérir une fluidité qui fait regretter la rareté de ces modes.

Mais je ne veux pas discuter sur des questions de technique, de prosodie et de métrique ; j'aime mieux faire ressortir la belle ordonnance des livres de M. de Guerne. Ils apparaissent tels que des fresques largement peintes, des fresques aux fortes et belles couleurs, dont les contours précis et nets suscitent des visions mystérieuses et lointaines. La rigueur des noms propres, leur stricte orthographe ajoutent encore à cette résurrection, car M. de Guerne est en ces matières un intransigeant et il ne consentirait pas à appeler Nabou-Koudourousour, du nom de Nabuchodonosor ; il n'a point tort, et ceux qui le lui reprochent sont les mêmes qui trouvaient commode, il y a vingt ans, d'appeler Arès, Mars, avec autant de raison que s'ils avaient invoqué Apollon sous le nom de Saturne.

On ne pourrait objecter qu'une chose à M. de Guerne, c'est que cette préoccupation rigoriste éloigne de lui quelques lecteurs. Mais l'auteur des *Siècles morts* ne s'est point leurré. Dans les savantes et hautaines préfaces qu'il a mises en tête de ses livres, il a écrit qu'il destinait ses œuvres à peu de ses contemporains. Il y a là, je l'avoue, une certaine impertinence ; il est imprudent de déclarer ainsi à ses concitoyens qu'on fait peu de cas de leurs agitations et qu'on ne se soucie guère de leurs éloges, et les hommes sauront toujours mauvais gré à ces solitaires qui se détournent d'eux pour causer avec les morts. Ainsi en est-il pour M. de Guerne ; mais, s'il n'a pas les acclamations d'une foule parfois suspecte, il connaît, par compensation, la joie de celui qui réalise une œuvre rêvée, selon sa volonté, et il recueille la très grande estime de quelques-uns. Je crois que tel est le but qu'il a désiré atteindre.

GUSTAVE KAHN

« Vous êtes de ces poètes à idées singulières qui ne veulent pas voir que les pieds sont le principal en poésie, » disait le marquis Gumpelino à Henri Heine. Il tiendrait assurément le même langage à M. Gustave Kahn, et bien d'autres marquis Gumpelino, cousins de celui de Hambourg que le poète de l'*Intermezzo* rencontra à Lucques, ont répété ces paroles, sans en obtenir de bons résultats.

M. Gustave Kahn a tenu une assez bonne place dans l'histoire des jeunes écoles contemporaines. Aux beaux temps de la *Revue indépendante*, il publiait mensuellement de remarquables études critiques, dans lesquelles il manifestait les dons les plus parfaits de compréhension subtile. Il y donnait aussi des poèmes.

Le livre de vers qu'il publia à cette époque, *Les Palais nomades*, date, pour l'évolution rythmique de ces derniers temps, car déjà M. Kahn y poussait la théorie du vers libre à ses dernières conséquences. Cependant, on y trouvait encore des formes prosodiques anciennes ; désormais, il paraît avoir abandonné les rythmes, et sa poétique procède de tout autre idée. Ses poèmes ne sont plus soutenus par la traditionnelle musique syllabique qui servit à tant de chefs-d'œuvre.

Dans ses *Chansons d'amant*, par exemple, il a complètement délaissé l'alexandrin, qui ne joue même pas, dans ses vers, le rôle que l'octosyllabique jouait dans les périodes de Bossuet, et l'on peut dire que, chez lui, l'alexandrin est sporadique, comme il l'est dans la prose de Gautier ou de Flaubert.

Quant à la rime, si elle n'est pas complètement dédaignée, elle est rarement complète, c'est-à-dire à la fois pour l'œil et pour l'oreille. En tous cas, elle n'est pas rigoureusement plate ou alternée, et quelquefois on la retrouve fort loin, simplement pour un rappel de son nécessaire. Elle est remplacée souvent par l'assonance. Fréquemment, peut-être par ironie et pour narguer la rime riche, M. Gustave Kahn se borne à rappeler plusieurs fois le même mot, procédé emprunté d'ailleurs à la prose rythmée, qui est obligée de l'employer, pour ramener des sons semblables, plus nettement qu'à l'aide des rimes qui se perdraient dans le développement de la phrase.

Un emploi judicieux et sans recherche de l'allitération précise l'harmonie de ces vers, en amenant des ressouvenirs de notes déjà entendues. Mais le caractère le plus curieux, le plus original de cette poésie, celui qui est bien propre à M. Gustave Kahn, par atavisme sans doute, c'est le parallélisme des images et des idées, qui fut la base de la poésie hébraïque, et qui consiste à reprendre les tropes, les images, en aggravant ainsi leur valeur par une répétition voulue. C'est ce parallélisme qu'on retrouve, moins net, moins absolu, mais très sensible dans les poèmes de M. Gustave Kahn.

Cela suffisait-il à faire considérer M. Kahn comme un des artistes les mieux et les plus étrangement doués de sa génération ? Non ; mais M. Kahn, théoricien habile et essayiste adroit, a trouvé des légendes de rêve et de brumes ; il a rêvé des paysages de morne et pénétrante tristesse, il a évoqué de pâles douleurs, d'intenses désespérances. Il n'a pas dit des romances que les mignons soupirent aux étoiles, ou de douces barcaroles propres à retentir sous des balcons, mais il a chanté la chanson morose du pèlerin en quête d'amour, du pèlerin dolent qui cherche le havre des baisers et des douces tendresses, et ne le peut trouver qu'après avoir renoncé à la quiétude des songes vagues, après avoir connu les supplices et les affres de la passion triste, cette passion qui est sœur de l'âcre mort.

Ce parfum de mort qui se mêle aux possessions et aux étreintes, ce souffle qu'apporte avec lui l'amour, le vieux roi Schelomo l'avait senti passer sur sa tête, alors qu'épris il disait la beauté de la Sulamite. M. Kahn, à son tour, a redit ce poème de l'amour et de la mort, que Léopardi a murmuré; il l'a redit en y ajoutant cette mélancolie passionnée que lui enseigna Henri Heine, et ce sens mystérieux des choses que lui apprit Gérard de Nerval.

STÉPHANE MALLARMÉ

—

Quand M. Mallarmé publia son *Florilège,* quelqu'un dit de lui : « Il était célèbre, il va maintenant être connu. » Cette assertion était plus piquante que juste, car ceux qui liront seulement les livres de l'écrivain, ne pénètreront qu'un des côtés de cette nature si complexe.

C'est que M. Stéphane Mallarmé n'est pas simplement un poète, il est aussi un théoricien, un éducateur, et, si on a pu assez justement affirmer que son œuvre avait eu sur les jeunes gens peu d'action, on n'en pourrait dire autant de ses théories. Non qu'il les ait exprimées dans des écrits dogmatiques, comme les esthètes allemands et anglais, mais il les a répandues par la parole, et ce fut là, en ce temps, son originalité. Il a repris la tradition des philosophes et des sages de jadis, de ceux qui entretenaient leurs disciples dans les jardins ou sous les portiques, à l'orée des bois ou sur les bords des fleuves.

Si M. Mallarmé avait vécu à Alexandrie ou à Antioche, il aurait publiquement enseigné, traînant après lui, par les voies de la ville, des élèves que sa parole eût inquiétés, charmés et retenus. De telles déambulations ne sont, hélas ! plus de mode : la foule et la police même verraient d'un mauvais œil le passant qui, dans les

Tuileries ou le Luxembourg, réunirait autour de lui des éphèbes enthousiastes. La vie publique ne sait plus faire place aux doux péripatéticiens, et l'enseignement que veulent donner les rares métaphysiciens ou moralistes qui subsistent encore doit être privé, mieux même : mystérieux.

Aussi, ceux-là seuls qui vinrent assidûment visiter sa retraite savent quel lucide, quel inquiétant esthète est Stéphane Mallarmé. Pour connaître les ressources de cet esprit d'une netteté inoubliable, il faut avoir entendu sa parole pendant des années.

Le souvenir des soirées de la rue de Rome restera toujours dans la mémoire de ceux que Stéphane Mallarmé admit auprès de lui, dans ce salon discrètement éclairé, auquel des coins de pénombre donnent un aspect de temple, ou plutôt d'oratoire. On parle bas dans ce salon, parce que même les intrus sentent confusément qu'on devrait y entendre seulement la voix du maître qui apparaît, adossé à la cheminée, tenant à la main la fine cigarette ou la pipe, dans l'attitude que Whistler a su si bien restituer au frontispice de l'édition populaire des œuvres du poète.

A ces auditeurs fidèles, M. Mallarmé se révèle d'une séduction infinie, soit qu'il se plaise à dire une anecdote, soulignée au bon endroit, soit qu'il s'oublie à rappeler des amis chers et disparus, soit qu'il expose de séduisantes et hautaines doctrines sur la poésie et sur l'art, sur le poème en prose et sur la chronique, sur la musique et sur le théâtre.

Tous ces sujets si divers, si différents, Stéphane Mallarmé les illumine de clartés imprévues, passant de l'un à l'autre avec une aisance incroyable, par d'insensibles transitions qui font ressembler ses causeries à une chatoyante et multicolore tapisserie, dont les images dissemblables sont liées entre elles par des motifs si ingénieux, que les légendes multiples qu'enserre la trame paraissent n'être plus qu'une seule et même légende.

En grand seigneur fastueux, M. Mallarmé revêt d'un merveilleux vêtement les idées qu'il asservit, car, s'il se plaît à ce noble jeu qui consiste à forcer les essences, il ne veut pas les faire paraître nues et rougissantes ; il les couvre de hochets étincelants, sans doute pour tromper les profanes qui ne savent écarter les voiles.

Il ne faut pas conclure de cela que Stéphane Mallarmé, pareil au Sphinx antique, ne livre ses doctrines qu'encloses dans les arcanes d'énigmes difficiles à pénétrer. Nul homme, je crois, ne sait exposer une théorie avec autant de clarté que M. Mallarmé. Il n'est pas jusqu'à l'envolée de son geste, quand il parle, qui ne serve à préciser sa pensée, toujours nette comme toujours belle.

Ce qui déconcerte en Stéphane Mallarmé, c'est l'opposition entre son œuvre et ce que j'appellerai volontiers son enseignement, c'est cette fascinante complexité d'un homme volontairement exilé sur une cime et sachant pourtant mieux que tout autre communier avec autrui.

Cette contradiction, qui frappa plusieurs de ceux qui eurent la joie de fréquenter chez M. Mallarmé, n'est qu'apparente, car le causeur et l'écrivain se complètent plus qu'ils ne se détruisent mutuellement.

La conversation de Stéphane Mallarmé n'est autre que le commentaire de ses vers et de ses proses. Dans ses poèmes il a enfermé la substance même de ses rêves et de ses idées, cette substance indifférente à toute ligne, à tout contour, à tout son, à toute couleur, qu'il a cru inutile de chercher à décrire, et que, tels les hiérophantes des mystères, il a seulement fait pressentir.

Aussi, M. Mallarmé est arrivé à repousser toutes les fantaisies du style, tous ces à peu près dont les meilleurs, toutefois, se contentèrent; il a dédaigné, sans doute, les panaches que le romantisme nous a légués, les inutiles pierreries que voulut nous donner le Parnasse; il en est venu même jusqu'à faire fi des transitions habituelles, des stations que nos esprits demandent à la phrase, aux incidentes, aux tropes explicatifs : il a écrit des vers sibyllins que sa parole a commentés.

En esprit habitué au culte des lois, au commerce de l'abstrait, et à son contact immédiat, M. Mallarmé conçoit sans doute comme lumineuses telles choses que le commun des hommes ne sait pas percevoir directement, et c'est pour cela, que beaucoup de ses contemporains lui ont reproché d'être obscur.

Que, sans avoir entendu Stéphane Mallarmé exposer la glose de l'*Après-midi d'un Faune* ou de la *Prose pour des Esseintes*, on en puisse pénétrer les infinis détails, les mille sens cachés et superposés, cela est peu probable et ce sont là des joies réservées aux seuls initiés, mais il est facile de saisir l'ensemble de ces poèmes, d'en connaître les directrices, d'en comprendre la signification générale.

Plus tard, ceux qui auront connu Stéphane Mallarmé dans leur prime jeunesse, ceux qui l'auront aimé comme un des plus purs, des plus désintéressés parmi les poètes, ceux qui l'auront entendu et qui auront chéri sa parole, raconteront sa vie comme le bon Xénophon raconta celle de Socrate. Fidèles, scrupuleux, ils commenteront vers par vers ses sonnets, et cela dans le but unique de révéler aux jeunes hommes de ce temps futur quel noble, profond et merveilleux artiste fut Stéphane Mallarmé.

MAURICE MAETERLINCK

Depuis la *Princesse Maleine*, on a beaucoup écrit sur M. Maurice Maeterlinck. On en a dit beaucoup de mal, et ses amis ont exagéré ses mérites. On l'a comparé à Pixérécourt, c'était fantaisiste; on a dit que ses drames étaient shakespeariens, c'était excessif, car nul personnage n'existe, au sens propre du mot, dans les poèmes dramatiques que rêva ce reclus flamand.

Il se plaît, en effet, à faire vagabonder par des villes incendiées, des bourgs détruits ou des jardins qui agonisent dans l'automne, des êtres vagues, échappés de quelque tapisserie surannée, héros exsangues, accessoires d'un décor seul important, servant à faire valoir un milieu qu'ils nécessitent plutôt que d'être nécessités par lui. Ils sont semblables à des miroirs, appendus aux murs de salles obscures, qui refléteraient d'insolites lueurs survenues.

Aussi n'ont-ils besoin de prononcer de longues phrases, mais quelques mots seulement, répétés souvent avec des intonations différentes, décroissantes comme le bruit d'une pierre chue en un puits, ou s'aiguisant et s'exaspérant en chanterelle, selon le rythme des impressions. Ils ne raisonnent pas leurs sensations, ils les subissent ; à ratiociner sur elles, ils les diminueraient, car il s'agit de sensations troubles et fumeuses qui s'adressent à un sens général et non aux yeux ou aux oreilles. Pour les évoquer, de simples notations suffisent. Hjalmar, Maleine, l'Aïeul, les aveugles, le vieux Roi, ont l'air d'aphasiques, qui ânonnent sous l'influence d'événements à peine précisés. Ils sont des sensitifs que le bruit du vent, la rumeur de la mer, le souffle des forêts ou la clameur de l'orage, comme aussi l'approche devinée des choses lointaines et imprécises, fait vibrer ainsi qu'un gong répercuteur ; et l'on voit vite que l'unique personnage, le seul vivant, c'est le milieu que le poète veut évoquer, ou bien la sensation qu'il veut rendre manifeste. On a parlé d'Edgard Poë, et ce rapprochement n'est qu'à moitié juste, car il faudrait, si l'on voulait être vraisemblable, supposer la maison Usher, sans Roderick et sans Madeline. C'est pour toutes ces raisons que, sauf dans la description des milieux mêmes, ceux qui liront les drames de Maurice Maeterlinck, y trouveront — ainsi que l'a dit le traducteur de Ruysbroeck en parlant du vieux moine — « fort peu de phrases que l'on puisse prendre en mains pour les admirer à la manière des littérateurs » ; et, à considérer le but poursuivi, on voit combien vaines seraient les phrases somptueuses ou simplement logiques, pour rendre les incertaines émotions de ces âmes rudimentaires qui pâtissent sous le souffle de l'inconnu. Car toutes les âmes qui balbutient dans l'*Intruse* ou dans les *Aveugles*, pâtissent au sens qu'a voulu Spinoza ; certainement, en concevant ses œuvres, M. Maeterlinck a dû songer à cette phrase du doux philosophe : « L'âme pâtit en tant qu'elle a des idées inadéquates, » et de quelle chose a-t-on idée moins adéquate que la Mort ?

C'est la Mort aussi qui domine les poèmes dramatiques dont je parle, c'est son ombre qui se reflète en eux, c'est sous son influence que vivent les êtres hagards que M. Maeterlinck fait passer devant nous, et c'est son haleine qui les émeut.

Mais cette présence ne suscite pas dans leur cœur les mystérieuses terreurs qu'elle suscita dans les âmes de Ligéia et de Morella, elle éveille dans leur chair un matériel effroi, qui, semblable au souffle dont fut étreint le prophète, *hérisse leur poil.* Nul fantôme de l'au-delà ne les agite, nul murmure émané des défunts ne leur parvient; ce qui les trouble, c'est d'entendre l'ange des antiques légendes voler au-dessus de leur tête en brandissant son glaive.

On peut soutenir qu'une semblable conception est d'un art grossier, parce que cet art est purement sensationnel et émotif, et qu'il ne met en jeu que le plus bas des sentiments : celui de la peur immédiate. Non que la peur soit toujours un sentiment vulgaire, car elle peut être la peur qui saisit devant l'inconcevable, mais dans les *Sept Princesses*, dans l'*Intruse*, c'est trop l'unique peur du cadavre et de la mort brutale, sans l'effroi des questions posées et jamais résolues. On peut reprocher au poète de n'avoir pas assez montré que cela seul qui nous point à l'aspect de la mort, c'est l'après de cette mort. Je sais qu'il répondra que l'intellect de ses personnages se refusait au problème, mais c'est là justement la querelle.

En prenant toutefois ces personnages, comme a voulu nous les donner M. Maeterlinck, ils rappellent à notre souvenir ces nonnes et ces moines mystiques, cloîtrés dans les monastères médiévaux, à Unterlinden, à Thoss ou à Adelhausen. Les plus humbles de ces reclus, ceux qui étaient impuissants à formuler leurs visions, à décrire leur extase comme surent le faire Catherine de Gebsweiler ou sainte Thérèse, vivaient obsédés par l'idée de la mort. Ils ne la voyaient, pour la plupart, que sous sa forme la plus tangible, ils étaient dans leur obsession poursuivis par son odeur, par son apparence, et pour la mieux saisir ils se couchaient, par mortification, dans leur cercueil. D'autres, plus subtils, en étaient tourmentés moins formellement, ainsi que Gertrude de Hattstadt; ils se sentaient enveloppés de ténèbres épaisses, et le vent des nuits irrémissibles les effleurait. Ils avaient bien la conscience que la mort n'était que le prélude de joies éternelles, mais cette conscience ne les délivrait pas des affres passagères. Ainsi en est-il de leurs frères lointains, ces humbles coryphées des drames de M. Maeterlinck, qui vivent dans la mort, et qui en ressentent tous les apeurements. A cause de leur terreur, nous les aimons, ces pâles aveugles dont les jambes flageolent, ces aïeux aux mains tremblotantes, et ces jeunes princes affolés ; nous les aimons, parce que nul de nous ne peut dire qu'à une heure redoutable il sera exempt de leurs angoisses, ensuite parce qu'ils nous suggèrent de troublantes choses.

En réalité, une œuvre vaut autant par les émotions ou les idées adventices que nous en pouvons tirer, que par celles qu'elle a voulu strictement représenter. Plus elle nous offrira de thèmes à méditations, c'est-à-dire plus elle sera complexe, plus nous la chérirons, quelques objections que nous trouvions à lui faire, quelques critiques que nous lui adressions, car objections et critiques n'iront qu'à la partie de l'œuvre objective, non à ce qu'il y a de latent en elle et que notre esprit pourra librement développer. Les drames de M. Maeterlinck peuvent entrer dans cette catégorie, et les impressions de terreur momentanée que donnent si puissamment l'*Intruse* et les *Aveugles* ne doivent pas être exclusivement considérées. Il est quelques sujets, et certes la mort est de ceux-là, sur lesquels nous aimons peu à entendre dogmatiser, — ainsi nous ne goûtons guère désormais le célèbre sermon de Bossuet que pour sa pompe oratoire, — nous préférons que l'on nous ouvre certaines voies, que l'on nous place dans certains états, propres à nous suggérer ce que nous ne voulons pas entendre dire catégoriquement, une apparence de certitude étant parfois pénible. M. Maeterlinck aura rempli la fonction de l'antique mystagogue qui préparait le myste au symbolique drame, terme final de son initiation, le drame dont il devait tirer les essences, cachées sous les contingences parfois enfantines et même incohérentes.

ROBERT DE MONTESQUIOU

Après avoir laissé, durant de longues années, sa renommée se mûrir dans les cénacles littéraires, M. de Montesquiou a voulu montrer à ce public, dont il faisait état de mépriser l'encens, la mourante douceur de ses redingotes et la pâmoison languissante de ses cravates.

Avoir inculqué à toute une docile jeunesse l'amour de l'hortensia ne suffisait plus à sa gloire et, s'étant souvenu du serrurier Louis XVI, il se fit ébéniste jusqu'au jour où, ayant vu sa fleur favorite détrônée par le tournesol cher à M. Wilde, le dépit le jeta définitivement dans les lettres.

Il était attendu. Les trompettes de la déesse proclamèrent son génie, et M. Anatole France lui-même, soulevant la portière qui séparait M. de Montesquiou de la foule, l'annonça.

M. de Montesquiou a-t-il gagné à être exhibé ainsi, dans la pose d'un personnage d'apothéose, avec aux doigts une branche verte, et les flammes de Bengale dont on l'entoure lui seront-elles plus profitables que la pénombre bruyante dans laquelle il s'était sagement réfugié ? Ne va-t-il pas regretter d'avoir suivi les traces du guerrier son aïeul, qui se consola des batailles évanouies par le poème épique ; et n'eût-il pas mieux valu pour lui promener sur le tapis de sa chambre de somptueuses tortues, que de descendre sur la place publique dans un char traîné par des chauves-souris, tel un enchanteur suranné ?

En agissant ainsi, il me semble avoir été son propre Evhémère ; de ses mains, il a détruit sa légende, et, malencontreusement, il s'est lui-même dépouillé de son auréole, sans vouloir attendre que de complaisants amis prissent sur eux ce soin. Jusqu'à présent, il était de ceux dont on disait : « Vous verrez ! » Il n'a pas su conserver cet avantage et l'on ne peut plus dire : « Vous verrez », parce qu'on a trop vu.

Du raffiné dont on lisait jadis, sur des papiers aux agonisantes teintes, des vers écrits d'une encre défaillante pour quelques amis, les solennels bouquins qui s'appellent les *Chauves-Souris* et le *Chef des odeurs suaves* stupéfièrent un peu. On attendait, plutôt que ces tomes, dignes d'être offerts à une académie, quelques distiques quintessenciés, inscrits sur une aile de libellule.

Au moins dans ces poèmes trouva-t-on des sonorités inattendues, telles qu'on en attendait d'un héros dont l'âme prétend refléter les choses, comme le miroir verdi et décomposé d'un étang que gardent des feuillages inouïs, et le poète nous dota-t-il d'un frisson inconnu? Quelques années de notre jeunesse furent consacrées à cet espoir.

Le solitaire qui vient, après mûres réflexions sans doute, d'abdiquer son orgueil de reclus, nous fut présenté, par des aînés, peut-être facétieux, comme l'incomparable fleur de notre décadence et, bien qu'il protestât, longtemps, quand on parlait de lui, on murmura : des Esseintes. Il est votre père, disait-on aux symbolistes alors enfants, un père affable et plein de bonté, car il vous laisse la gloriole de chanter ce qu'il songea et dédaigna de proférer. Et, de temps en temps, dans les parlottes esthétiques, un bruit courait, stimulant les courages : Des Esseintes va publier !

Hélas ! des Esseintes ne publiera jamais rien ; des Esseintes ne fut qu'une fiction, et celui dans lequel on voulait voir le prototype du duc miraculeux n'en était que l'apparence. Est-ce bien des Esseintes qui célèbre, comme Jean Rameau, la rencontre à Saint-Cloud des deux impératrices ; est-ce lui qui funambule à l'instar de Banville et qui s'égaye à la manière de Coppée?

A la lecture de ses livres, on éprouve l'âpre désappointement d'un homme auquel on a promis une promenade dans une serre cachée, ornée et parfumée d'essences inestimables et qu'on conduit dans un jardin public, peuplé de fleurs vulgaires et trop connues. Ce chef des odeurs suaves nous présente une anthologie compilée, semble-t-il, par un éphèbe qui débute dans les lettres, et il la dissimule sous les ailes fantasques des chauves-souris. Là on retrouve Gautier, ici Madame Desbordes-Valmore, là Verlaine; ceux-ci se taisent pour qu'on écoute Mallarmé, et Mallarmé cède la place à Beaudelaire, qui se retire devant Leconte de Lisle. Chose plus triste encore, celui qu'on nous avait dit figurer la quintessence de nos plus raffinés sentiments a pris à l'abbé Delille sa science des métaphores, il a suivi la pédestre muse de M. Esménard, celle aussi du grand Ponsard, et M. de Montesquiou se présente moins sous les traits du divin Floressas que sous ceux, moins plaisants, d'un gentilhomme de province, long et sec, qui fit ses humanités modernes et en profita trop.

PAUL VERLAINE

—

Il est des écrivains qui nous troublent par le mystère de leurs œuvres, par un terrible inconnu qu'ils semblent avoir pressenti et dont ils nous transmettent l'effroi ; il en est d'autres qui nous troublent par eux-mêmes, par l'ambiguité ou la complexité de leur personnage. Paul Verlaine est de ceux-là.

Beaucoup ont essayé de le définir, de le peindre, de fixer ses traits, mais jamais on n'a pu donner de lui une idée totale, et je ne saurais y prétendre après tant d'autres, et après lui-même qui a chanté ses incertitudes, ses combats, ses doutes et ses croyances, en nous parlant du pauvre Lélian.

Paul Verlaine est né sur le Parnasse, un jour de printemps, et il a fait, comme bien des poètes, des vers sur la Grèce et sur l'Inde, sur l'Égypte et sur la Scandinavie. Il a été un sévère rimeur, scrupuleux des règles, des codes poétiques, des lois du rhythme et de la rime; mais il fut tôt à l'étroit dans les conventions parnassiennes, et son audace, sans doute, inquiéta les vieux pasteurs errant sur ces collines classiques.

Déjà, dans son chef-d'œuvre de maître,

dans les *Fêtes galantes*, il n'appartenait plus à l'École. Son vers plus souple, plus vivant, se lovait et se brisait comme une couleuvre voluptueuse qu'on a tenté d'enfermer entre les planches d'une prison. Il se jouait des césures, des coupes régulières, il vivait plein d'une fantaisie charmante, parfumée alors de bergamote et de poudre à la maréchale, mais cependant mélancolique, de cette mélancolie qui tombe des soirs d'été, clairs et illuminés.

Cette mélancolie, qui voulait sourire, faisait dès cette heure prévoir la tristesse, les douleurs et les souffrances futures. Et les années vinrent tôt où Paul Verlaine rejeta sa gaieté première. Il était, dans ce temps, un enfant païen que réjouissaient les souffles qui peuplent l'air, agitent les sylves et troublent les eaux; il aimait à vagabonder dans les parcs ombreux, comme un bon satyre en quête de nymphes, et c'est peut-être à l'heure crépusculaire, un jour d'automne, qu'il rencontra près d'une charmille, le Nazaréen pâle et triste qui lui fit honte de sa joie.

La rencontre frappa le poète. De satyre confiant, alerte, ami de la bonne nature et des voluptés, il devint un moine inquiet, et le mal s'installa en lui, sans en chasser tout à fait l'ægypan aux oreilles pointues, qui ne voulut jamais abandonner le pauvre Lélian. C'est toute la vie de Paul Verlaine que ce combat du moine et du satyre, toute sa vie réelle et intellectuelle, et l'on sait tôt, en l'écoutant, qui de Jésus ou de Pan est le vainqueur. Tel est le secret de la double existence de Verlaine, de ses exubérances, de ses abattements, de ses jubilations folles et de ses repentirs cuisants. Souvent, sa pauvre âme veut s'échapper à travers les bois, aller parmi les essences aromatiques, dans les bosquets où rêvent les hamadryades faciles; elle s'élargit pour laisser entrer en elle tout le vivant univers, et elle vagabonde ainsi jusqu'à ce qu'elle rencontre encore le blême et douloureux fantôme qui l'enferme dans l'angoisse du remords et de la peur.

Dans *Sagesse*, Paul Verlaine a dit désespérément ses regrets infinis, il a crié toutes ses affres, il a maudit sa chair faible, son esprit qui fut téméraire et qui est devenu crédule, il a imploré des pardons, parce qu'il avait aimé l'existence, et qu'il avait chéri et goûté le bonheur de vivre. Il a voulu connaître les haires, la cendre, la discipline, mais, comme c'était un instinctif naïf, qu'un sang puissant coulait dans ses veines, les macérations l'ont fait de nouveau tomber dans le péché, et le péché l'a conduit à de plus dures pénitences. C'est ainsi qu'il a marché, tel un de ces moines mendiants, candides et cyniques, poltrons et hardis, aussi prêts à pleurer les fautes commises qu'à en commettre d'autres, insoucieux du lendemain, tour à tour évangéliques et obscènes, austères et dévergondés, oubliant le vin du calice pour celui des bouteilles. Il a mis tout son pauvre être indécis et agité dans des vers simples et tristes, malicieux et enfantins, des vers de grand poète qu'il a cessé de faire le jour où les saints de plâtre ont tué le satyre, et le satyre a déchu alors : il a fait des vers pour Saint-Sulpice.

FIN

TABLE DES MATIÈRES

Préface... I

Émile Zola... 1
Joris-Karl Huysmans.. 5

Jean Richepin.. 9
Maurice Barrès... 15

Alphonse Daudet.. 21
J.-H. Rosny.. 27

Catulle Mendès... 31
Jean Lorrain... 37

Armand Silvestre... 43
Joséphin Peladan... 47

Ferdinand Brunetière....................................... 51
Jules Lemaître... 57

Paul Bourget... 63
Francis Chevassu... 69

Édouard Pailleron.. 75
Paul Hervieu... 81

—Léon Dierx..................................	87
—Jean Moréas.................................	93
Melchior de Vogüé........................	99
Paul Desjardins.............................	105
André Theuriet..............................	111
Jean Ajalbert................................	115
Georges Ohnet..............................	119
Anatole France..............................	125
José-Maria de Heredia..................	131
Georges Rodenbach.......................	135
Jean Aicard..................................	139
Francis Poictevin..........................	143
Sully Prudhomme..........................	147
Henri de Régnier...........................	151
Edmond Haraucourt.......................	155
Paul Adam...................................	159
Ludovic Halévy.............................	163
Octave Mirbeau.............................	167
Robert de Bonnières......................	171
T. de Wyzewa...............................	175
Pierre Loti...................................	179
Marcel Schwob.............................	185
Camille Lemonnier........................	191
Georges Eekhoud...........................	197
Marcel Prévost..............................	203
Laurent Tailhade...........................	209

TABLE DES MATIÈRES

Gilbert-Augustin Thierry	215
Jules Bois	221
Le Vicomte de Guerne	227
Gustave Kahn	235
Stéphane Mallarmé	241
Maurice Maeterlinck	254
Robert de Montesquiou	263
Paul Verlaine	274

TOURS

IMPRIMERIE DESLIS FRÈRES

6, rue Gambetta, 6

www.ingramcontent.com/pod-product-compliance
Lightning Source LLC
Chambersburg PA
CBHW071138160426
43196CB00011B/1933